J'Y PENSE ET ENFIN J'OUBLIE

CAROLE PLUMELLE
avec Olivia Karam

J'Y PENSE ET ENFIN J'OUBLIE

Claude François, show-biz, Ibiza et fêtes : souvenirs d'une femme libre

Robert Laffont

ISBN : 978-2-221-27392-0
Dépôt légal : septembre 2024
Éditions Robert Laffont – 92, avenue de France 75013 Paris
serviceclients@lisez.com

Le jour où ma mère est partie, j'ai cessé d'exister.
Paradoxalement, j'ai vécu mille vies.
Je dédie ce livre à toi ma petite Maman,
à toi ma fille, mon essentielle,
et à toi, Abel, mon petit-fils,
ma mille et unième vie.

Prologue

C'est surprenant d'observer combien l'attrait pour Claude François et sa troupe de danseuses n'a jamais faibli, ne s'est jamais démenti. Le chanteur nous a pourtant quittés il y a plus de quatre décennies – j'avais vingt-cinq ans –, mais dans l'imaginaire collectif, le légendaire Cloclo est toujours bien présent et la ferveur du public, encore ardente.

Lorsque je participe à des événements en hommage au chanteur, des nuées de fans se déplacent de partout. Regroupés en une foule de fan-clubs belges et français, ils sont des dizaines de milliers sur quatre générations : de très jeunes ont même rejoint leurs parents et leurs grands-parents ! Je suis encore émue par cette adoration qui ne se dément pas malgré les années, et la passion du public fidèle, toujours à l'affût d'un autographe, d'une revue, d'un vieux magazine *Podium* et autres collectors, du dernier ouvrage paru sur le chanteur ou d'un Claude en carton grandeur réelle. Plusieurs fois par an, des pèlerinages continuent à réunir les admirateurs au cimetière où il repose, à côté du moulin de Dannemois, l'ancienne demeure de la star aujourd'hui transformée en musée-restaurant. Les shows organisés par M. et Mme Lescure, les propriétaires de la demeure, accueillent régulièrement des sosies. Grâce à eux, le lieu revit. Claude est mort le 11 mars 1978, mais sa légende perdure à travers la ferveur inouïe de son public. Et malgré moi, je participe à cette légende, ce dont je suis fière et heureuse.

Je suis restée seulement quatre années parmi cette joyeuse bande d'artistes. J'ai voyagé, dansé sur les plus grandes scènes internationales, mais c'était il y a si longtemps… il y a bientôt cinquante ans ! Certains pourtant sont encore émus quand on les informe de la présence d'une danseuse de Cloclo dans l'assemblée. Au beau milieu d'un mariage, un jour, une scène m'a touchée : une femme de mon âge ou à peine plus jeune est venue s'asseoir près de moi, discrètement, aussi intimidée qu'une petite fille, en me demandant la « permission », oui, la permission d'approcher de si près une Clodette…

*

Cette image de jeune danseuse inaccessible, tout juste vêtue d'un body pailleté et de bottes à talons vertigineux, me colle encore à la peau. Oh ! je ne regrette ni ne renie rien de cette époque, mais faire le show aux côtés de Claude, dormir dans les plus grands hôtels et sillonner la France dans le bus-tour – ou en avion privé, à l'occasion – pour danser à moitié nue, tout cela n'est finalement qu'une minuscule facette de mon existence. Une étape, une parenthèse dans la vie d'une enfant réclamant l'amour maladroit de sa mère, d'une fillette de bonne famille en socquettes blanches, tombant amoureuse d'un nouveau garçon tous les quatre matins, devenue une jeune femme hypersensible et naïve, orpheline bien trop tôt, et qui a traversé un demi-siècle du « monde d'avant » où la poudre blanche était de toutes les soirées mondaines, et les boîtes de nuit de Saint-Tropez, le lieu de tous les excès de la jet-set parisienne et du showbiz.

Cette funambule, cette femme protéiforme, tour à tour androgyne ou poupée sexualisée, philanthrope et mélancolique à l'extrême, aussi libre, intrépide et viscéralement féministe qu'éternellement amoureuse, c'est moi.

De Los Angeles à Goa, des beaux quartiers de la capitale à celui des femmes de Fleury-Mérogis, des nuits dans les clubs mythiques des années 1970 à l'amour pour un bel Argentin, dealer à ses heures perdues et recherché à tort par le Quai des Orfèvres, des plages de Saint-Tropez et d'Ibiza aux stations de ski de Megève et Courchevel, où tout le monde migrait au même moment comme des oiseaux… j'ai tant de choses à raconter, tant d'histoires à partager. Ma vie entière est une histoire. Une histoire souvent rock'n'roll, pas toujours drôle, et trop rarement douce, une histoire qui rime avec désespoir autant qu'avec victoire.

Rolca

Cela fait plus de trente ans que j'ai choisi le colibri pour animal totem. J'en ai même tatoué un sur la peau de mon poignet. Je trouve que ce petit oiseau des îles me ressemble : contrairement aux insectes, il ne se pose pas sur les fleurs qu'il butine, mais préfère voleter sur place pour en extraire le pollen avant de s'en aller, toujours à reculons, comme s'il assurait ses arrières ou qu'il refusait de regarder vers l'avant. Il va, vient et revient sans jamais se faire attraper. Toujours en vol, inaccessible et fuyant. Libre ! Il paraît qu'il a un cerveau très développé pour sa petite taille, et surtout un grand cœur. Pour moi, il représente la liberté autant que la solitude. Il vole seul, n'a besoin de personne, regarde les alentours et s'enfuit comme il est arrivé. Cet oiseau minuscule m'épate. Il fait ce qu'il veut. Comme moi.

Alors, si, pour mes amis, j'ai longtemps été plutôt « Napo » – pour le nez grec de Napoléon – et que je suis depuis des années « Rolca » – à l'envers, mon prénom est plus rock'n'roll que Carole ; c'est Félix, de la troupe de Claude François, qui m'avait trouvé ce surnom –, dans ma tête, je suis Colibri. La liberté. Ce mot me définit, je crois, depuis toujours. Du plus loin que je m'en souvienne, j'ai bravé tous les interdits et fait ce que je voulais. Je n'ai jamais obéi à grand-chose ni à personne. Je me suis fixé mes propres règles. La liberté, je n'en avais jamais assez.

Ça n'a pas toujours été simple, et j'aurais pu mal finir si souvent… Comme cette fois où je suis partie à Belleville, parce que mon dealer n'avait plus rien et que je n'avais d'autre choix que de m'enfoncer dans des quartiers un peu chauds… Je me suis retrouvée dans ma Mercedes au cœur de la nuit à récupérer un petit paquet de dope – mon « quépa », disait-on, à l'époque. Je ne connaissais pas l'homme qui est monté trois minutes dans ma voiture, avec sa gueule de tueur. Il me semblait qu'il avait dans sa poche une arme blanche que sa main ne quittait pas à travers le tissu. Il fallait vraiment que je sois insouciante.

Ah ça ! je n'ai jamais eu peur de me retrouver dans les coins sensibles de Paris ou d'Ibiza, chez les Gitans ou les types louches. Peut-être est-ce mon instinct de survie qui m'a toujours éloignée du pire. C'est vrai que j'en ai fait, des folies. J'étais une véritable kamikaze. Désormais, je m'adonne à moins d'acrobaties mais, quand j'étais plus jeune, ma vie m'a fait connaître le meilleur comme le pire.

*

Le bonheur est difficile à saisir. Il passe trop vite et s'envole avant même qu'on ait pu en profiter. Alors, parfois, je le concède, les paradis artificiels m'ont aidée à gommer la laideur et la tristesse du monde quelques heures durant. Une existence « banale », celle dont les adultes m'ont longtemps montré le décor morose et trop sage, je n'en ai jamais eu envie. J'ai d'ailleurs passé ma vie à l'écrire, à noircir du papier pour raconter mon désespoir depuis mes seize ou dix-sept ans. Je trimballe avec moi des cahiers d'écolière, des carnets par dizaines recouverts d'une écriture ronde et enfantine d'abord, puis nerveuse et plus affirmée au fur et à mesure des années, pleins de poèmes d'amour, de longues phrases déroulées au rythme de mes tourments et de mille questions restées sans réponses. Pourquoi je suis là ? Pourquoi je suis née ? À quoi sert de vivre ? Seules mon insouciance et une certaine forme de naïveté m'ont aidée à supporter les affres de l'existence qui transpirent de ces pages. Et ces fameux paradis artificiels qui m'ont permis de mettre sur pause les réflexions incessantes de mon cerveau et de stopper le désespoir qui m'a rongée au moment du décès de ma mère. Même si je n'en suis pas fière, je ne regrette rien.

Quand dans tous les domaines on a connu le zénith, de l'argent à volonté, la beauté de la jeunesse, l'insouciance, et que tout nous est retiré, la chute est inévitable. Cette chute, c'est la mort de ma mère, suivie de près par la prison. En 1982. Mon année noire. Là, j'ai approché la vraie vie, celle que je ne voulais pas voir. Alors il m'a fallu le vertige de la drogue pour apaiser cette souffrance.

*

Aujourd'hui, et depuis des années déjà, j'ai retrouvé la terre ferme et je cache mon jeu comme je peux. Le quotidien est compliqué, le monde, pas franchement cool. Comme si je recevais un milliard d'informations, d'idées et de souvenirs à la seconde ; ça part dans tous les sens et ça m'use. Ma tête n'est jamais au repos. Certains devinent dans mes yeux une tristesse qui ne me quitte pas. Une sévère mélancolie. Et au fond, je me sens toujours cette petite fille qui aimait la chaleur de la nuit, qui n'avait de cesse de se confronter aux limites et n'avait qu'une envie : se réfugier dans un monde parallèle.

Jean-Claude

Si je suis absolument honnête, je peux admettre ici que je n'ai jamais été une femme pleinement heureuse. Pas même lorsque j'étais enfant. Incapables de vivre sous le même toit, mes parents s'aimaient avec passion mais ne s'entendaient pas. Claude, mon père, accro aux jeux, jaloux, alcoolique, perdait de temps à autre le contrôle et battait ma mère. Ça n'arrivait pas souvent, mais je suis restée marquée par une scène, notamment, où il est allé jusqu'à lui taper la tête contre les murs de notre appartement. Un souvenir dont je demeure épouvantée, à travers mes yeux de petite fille qui assistait à la scène. Il rentrait régulièrement ivre et sans un sou, après avoir tout claqué au poker. De somptueuses voitures de sport apparaissaient puis disparaissaient au gré de sa chance.

Je ne l'ai su que bien plus tard, mais il arrivait même à mon père, qui était entrepreneur de travaux publics, de miser les salaires de ses employés pour continuer à jouer quand il avait déjà tout perdu... Ces soirs-là, la détresse de Fabienne, ma mère, était trop lourde à dissimuler et la tension, palpable, même pour la minuscule enfant que j'étais.

J'avais deux ans quand mon père est parti. C'est tout petit, deux ans, mais je me souviens précisément de quelques crises qui éclataient à la maison, des mots violents qui me terrorisaient. Prostrée dans un coin de l'appartement, en alerte, j'attendais que l'orage passe. J'aurais tellement aimé qu'on me prenne dans les bras, qu'on me rassure, me console, pour effacer leurs engueulades d'une étreinte. Mais rien. Je demeurais seule avec mon angoisse jamais apaisée.

Pourtant, quand est venue la séparation de mes parents, je l'ai vécue comme un cauchemar. Je revois la dispute qui avait eu lieu quelque temps plus tôt et qui m'avait terrifiée, où ma mère, juste après une ultime empoignade avec son mari, avait escaladé le balcon du salon dans sa robe élégante et ses jolis souliers en hurlant qu'elle allait se foutre en l'air. Mon père l'avait fermement attrapée pour l'aider à redescendre dans l'appartement, et elle n'aurait sans doute pas sauté, mais cette dispute m'a laissé des traces.

Pour n'importe quel enfant, il est destructeur de voir ses parents se déchirer, mais pour l'hypersensible que j'étais et que je demeure, ce fut un désastre.

Je crois pourtant qu'ils continuaient à s'aimer, ces deux-là. Mais ils savaient qu'il était question entre eux d'un amour impossible qui ne les mènerait nulle part. Pendant des années, mon père a enduré la souffrance de leur séparation : Fabienne était l'amour de sa vie, il ne se remit pas de leur rupture. Chaque fois que je le voyais, petite, j'assistais, impuissante, à sa tristesse. Cet homme si beau, le visage déformé par les larmes et la tête entre ses mains : voilà l'image qui me reste de mon père. Et jusqu'à mes seize ans, il a pleuré ainsi sur son amour perdu – il avait pourtant eu deux autres épouses entre-temps.

*

Ma mère, elle, a immédiatement reporté son amour déçu sur son fils, Jean-Claude, né d'un premier lit, dix ans avant moi, d'une grande histoire d'amour avec Georges Carpentier, le « grand Georges », boxeur le plus mondain de Paris, disait-on. Cet enfant était venu au monde avec une grave maladie des os et, depuis sa petite enfance, il séjournait à Dourdan, dans l'Essonne, où une famille prenait soin de lui au quotidien.

Georges Carpentier a bénéficié d'une place importante dans le cœur de ma mère. Une sorte de jardin secret intouchable. Il faut dire qu'avant-guerre, ce premier champion du monde de boxe anglaise, en 1920, était un personnage, une icône. Son bar de la rue de Presbourg, au cœur du très chic 16e arrondissement, était clairement l'endroit où il fallait se montrer : le Tout-Paris s'y pressait et toutes les femmes le courtisaient. Don Juan, il avait jeté son dévolu sur la plus belle d'entre elles : la jolie Fabienne Fontaine – le nom d'artiste qu'elle s'était choisi pour sa carrière de mannequin, le préférant à celui de Gayde, pas assez esthétique.

Il y a donc toujours eu un enfant malade entre ma mère et moi, comme une montagne immense que je m'éreintais à franchir sans jamais parvenir à en dépasser le sommet. C'était comme si elle avait réservé toute sa tendresse à ce fils fragile et absent. Qu'est-ce qui avait poussé ma mère à demeurer à distance de cet enfant ? Pourquoi l'avoir confié à une famille d'accueil ? Sans doute avait-il besoin de l'air de la campagne et, avec son activité professionnelle et moi qui occupions tout son temps libre, n'avait-elle eu d'autre solution que de l'envoyer seul en dehors de Paris.

Chaque dimanche, nous prenions la voiture pour parcourir la soixantaine de kilomètres qui nous séparaient de ce « grand » frère fantomatique que je n'ai jamais rencontré ; j'attendais en bas, dans la salle à manger, après le déjeuner qui durait trois bonnes heures, pendant que ma mère restait à l'étage, dans la chambre de son fils qui devait garder le lit. Je n'ai jamais eu le droit de monter dans sa chambre, je ne l'ai donc jamais vu. Jamais je n'ai même aperçu son visage, en dehors des quelques photos que j'ai conservées. Jean-Claude ressemblait terriblement à Georges.

Quand je la voyais disparaître dans l'escalier, et parce que jamais je n'ai pu l'accompagner, j'avais l'impression que ma mère protégeait un secret qu'elle ne souhaitait partager avec personne. C'était son petit monde à elle, qui lui rappelait cet homme tellement aimé et qui l'avait quittée et laissée seule. Moi j'étais là, toujours près d'elle, à attendre un mot, un geste, un regard, mais elle ne s'en souciait pas beaucoup. J'aurais tant aimé attirer son attention, mais c'était lui, l'enfant préféré, le fils chéri. La bataille était perdue d'avance. Et pourtant, il était confié à d'autres qu'elle.

Je connaissais peu les gens chez qui Jean-Claude habitait, mais je me souviens qu'il régnait dans les pièces beaucoup de chaleur et de vie. Deux familles partageaient l'immense maison – chacune avait son étage – et des enfants couraient partout. C'étaient des gens très simples qui travaillaient dans leur grand garage Renault qui jouxtait la maison.

Tout le monde était souriant et même tendre avec moi. Petite d'abord, puis plus tard, quand j'y retournais, devenue jeune adulte. Je me souviens surtout de Louise, l'une des deux mamans qui vivaient là quand j'y suis retournée des années plus tard, pour accompagner maman à l'occasion d'un ou deux déjeuners du dimanche. Elle me prenait à part et me disait toujours des mots gentils, me rassurait et me réconfortait comme si elle comprenait ma détresse, ma tristesse – mais je ne suis pas sûre de l'avoir écoutée avec attention.

Ma mère était fière de dire que je faisais désormais partie de la troupe des Clodettes – elle qui voulait pourtant que je devienne avocate ou hôtesse de l'air –, et pour ces familles qu'elle a continué à voir longtemps après la mort de Jean-Claude, accueillir une célébrité était un honneur ! Nous étions toujours bien reçues et les déjeuners étaient de véritables fêtes. Autour de la table, j'étais placée loin de ma mère, et je la revois, de l'autre côté, riant aux éclats comme nulle part ailleurs. J'étais gênée, j'avais honte de son attitude. Ado, on a toujours honte de sa mère, non ?

Pour me protéger, comme souvent au milieu d'une foule, je préférais m'isoler, me mettre dans ma bulle, à l'abri du monde. J'étais là sans être là. Une grande habitude que j'ai acquise à force de me sentir en décalage parmi les autres. C'est toujours le cas aujourd'hui.

Je me souviens qu'à la mort de Jean-Claude, parti à seize ans seulement, face à l'impuissance et à la tristesse de ma mère pleurant à chaudes larmes, j'ai voulu la prendre dans mes bras. L'élan naturel et instinctif d'une fillette de six ans face au chagrin de sa maman. Mais d'un geste brusque et inattendu, elle m'a écartée d'un : « Tu ne peux pas comprendre. » Ce qui était vrai, sans doute, mais ce souvenir est à l'image de ma mère, secrète et distante, qui n'a jamais su me laisser pénétrer dans son intimité. Ce rejet m'avait blessée.

Mon Ti-Mère

Pendant plus de quinze ans – jusqu'à la disparition de mon père –, je me suis retrouvée malgré moi entre deux êtres incapables de s'aimer ni de m'apporter la tendresse et l'attention dont j'avais besoin, trop occupés à faire taire leurs propres démons.

Ma mère, Fabienne – qui m'a appelée gentiment « ma chérie » toute sa vie et dont j'ai appris à deviner la tendresse et la fierté par les regards –, n'était pas très douce ni câline. C'est lorsque je suis devenue mère à mon tour que j'ai ressenti plus durement encore la difficulté qu'elle avait éprouvée à me montrer son amour. J'aime ma fille comme jamais ma mère ne m'a aimée, d'un amour inconditionnel. Pas une fois je n'ai senti Fabienne avoir pour moi cette adoration. Et quelle souffrance encore, six décennies plus tard. Comme le chantait Bashung, j'ai dans les bottes des montagnes de questions…

Bien sûr, le monde a changé. Je suis née dans les années 1950 et ma fille, au milieu des années 1980. Entre ces deux générations, la place de l'enfant dans la famille, et plus largement dans la société, a bousculé tous les codes. Je n'ai pas connu beaucoup de tendresse ni de mots doux, mais finalement, c'est le lot de bien des personnes de ma génération. On était à des années-lumière du règne de l'enfant roi.

Fabienne prenait néanmoins à cœur son rôle d'éducatrice, garante de la morale et de ma bonne conduite ; elle me nourrissait, me soignait et m'éduquait, veillait à ce que tout soit impeccable dans ma tenue, de mon langage à mes vêtements en passant par mon attitude et mes fréquentations. En revanche, disons qu'elle était peu prodigue en douceur et en écoute. Dans l'éducation stricte et classique qu'elle m'offrit, il n'y avait pas trop de temps pour répondre à mes questions et m'aider à m'épanouir ; elle ne savait pas faire.

Autant dire que pour mon équilibre, ce n'était pas la panacée… Dois-je rappeler dans ces lignes combien la confiance et l'épanouissement d'un enfant – et de l'adulte qu'il deviendra – dépendent de la disponibilité physique et affective de ses parents ?

J'en ai tant souffert que j'ai un peu étouffé de câlins ma fille lorsque j'ai pu le faire, et je me réjouis chaque jour d'avoir brisé le cycle qui me liait aux femmes de ma famille, retenues par trop de pudeur et d'empêchements.

*

La jeune Fabienne n'avait pas eu une enfance des plus heureuse non plus ; sans modèle adéquat, elle n'a sûrement pas su faire mieux. Son frère qu'elle adorait était mort à la guerre, sa mère était décédée très jeune et elle-même avait été élevée par une belle-mère mauvaise avec elle. La vie l'avait endurcie et elle ne savait donner ni la douceur ni la tendresse dont elle-même avait manqué.

C'est d'ailleurs pour cela qu'elle avait voulu, avant même d'avoir vingt ans, gagner son indépendance en se présentant comme modèle. Elle avait alors été choisie pour représenter « la jeune fille de l'année », et un magazine lui avait ainsi consacré la couverture et plusieurs pages intérieures.

Née à l'aube des années 1920, ma mère était divinement belle, de ce genre de beauté latine incendiaire qui faisait tourner la tête des hommes. Sublime et élégante, elle avait un petit air de Jackie Kennedy ; Henri-Georges Clouzot, qui était tombé fou amoureux d'elle, ne s'y était pas trompé en la choisissant comme « silhouette » sur le tournage de son premier film, *L'assassin habite au 21*. Elle a tourné aussi avec Fernandel et beaucoup d'autres, mais elle était surtout mannequin, égérie de Carven, et a participé à de nombreux défilés et posé pour des photos dans les magazines.

Certaines d'entre elles ont été réalisées à la grande époque des studios Harcourt, le photographe des vedettes d'alors, et illustrent son élégance. D'autres mettent en scène une ravissante danseuse aux seins nus dans les tableaux d'un célèbre cabaret parisien juste avant-guerre. D'autres encore montrent un mannequin à l'allure folle dans les robes des créateurs les plus en vue de son temps.

Puis elle a rencontré son premier amant, le célèbre Georges Carpentier, avec qui elle a eu cet enfant malade. J'ignore tout de leur relation, si ce n'est qu'ils ont vécu ensemble une grande passion mais qu'elle s'est retrouvée seule alors que son bébé ne marchait pas encore… C'est en découvrant des photos de ces deux amoureux entourant leur petit Jean-Claude que j'ai eu la preuve de la présence de Carpentier auprès de son fils jusqu'à ses dix-huit mois. Le reste, je l'ignore. Si seulement j'en savais davantage sur ma mère, sur sa vie, ses rêves et ses combats… Peut-être me manquerait-elle moins aujourd'hui. Peut-être aurais-je pu faire la paix avec elle avant sa mort…

On m'a souvent demandé si j'avais été mannequin parce que ma mère l'avait été avant moi. Pas du tout : je n'en savais absolument rien, à l'époque ! C'est même une immense frustration ressentie à son décès que de n'en avoir rien su. Seules des collections de photos retrouvées dans des boîtes attestent une existence qui m'a échappé, et les fugaces souvenirs, heureusement indélébiles, de nos voyages, de nos week-ends, d'une vie trop vite passée.

J'ai d'ailleurs mis vingt ans à ouvrir les dizaines de boîtes Hermès que ma mère aimait conserver pour y ranger ses affaires. C'était trop dur de me replonger dans sa vie d'avant. De regarder ces images d'une mère qui me manque encore chaque jour et de la jeunesse de laquelle je ne connais rien.

*

Jamais nous n'avons pu parler à cœur ouvert de tout cela ensemble. Sa jeunesse, ses amours, ses blessures et ses peines restent un grand mystère ; tout autant que ma vie intime, mes sentiments et mes ressentis n'ont jamais semblé la préoccuper. J'aurais tellement aimé qu'elle m'écoute, et pourquoi pas, qu'elle se confie. Rien qu'une fois.

Jean

Lorsqu'elle est tombée amoureuse de Jean Darvey, mon beau-père, Fabienne n'a pas mis longtemps à comprendre qu'il ne m'aimait pas beaucoup : une enfant de neuf ou dix ans entre un homme – sans enfant, et de surcroît éperdument amoureux – et une femme, c'est embarrassant ; je gênais.

Mais entre Jean et moi, ma mère a choisi : c'était lui. Elle a privilégié l'amour, pas l'enfant. Qu'aurais-je fait à sa place ? L'inverse, peut-être. Mais je ne la juge pas, je ne lui en veux même pas. Elle a sauvé sa peau. Élever seule un enfant n'est pas simple, je le sais aujourd'hui. Un homme riche et amoureux voulait partager sa vie ? Quelle aubaine !

Je n'en ai aucune preuve, mais je m'accroche à cette version : ma mère a voulu nous mettre, elle et moi, à l'abri du besoin. Cet homme élégant, chauve, au visage froid et aux yeux bleus, allait effectivement lui permettre de continuer sa vie dans l'élégance et de tirer définitivement un trait sur sa condition de mère célibataire.

*

Depuis le départ de mon père, une demi-douzaine d'années plus tôt, ma mère n'avait jamais retrouvé l'amour. Il y avait bien eu un notaire qui venait la chercher en Rolls-Royce, et l'homme que j'ai surpris chez nous, en plein après-midi, quand j'avais six ou sept ans, alors que j'étais rentrée plus tôt que prévu de l'école. J'avais sonné à la porte de l'appartement, ma mère m'avait ouvert précipitamment… Elle était nue. Et comme je patientais sagement derrière la porte vitrée du salon, où elle m'avait demandé de l'attendre tandis qu'elle se rhabillait, j'ai vu disparaître en catimini une silhouette qui ne m'était pas tout à fait inconnue : celle de mon dentiste. Un cauchemar dans ma tête de petite fille.

De cette affaire, il n'a ensuite plus jamais été question, mais je voulais croire que ma mère n'avait pas besoin d'un homme dans sa vie. Nous n'étions finalement pas si mal, toutes les deux, rue du Docteur-Jacquemaire-Clemenceau, dans le 15e arrondissement. J'adorais cet appartement calme, confortable et baigné de soleil, avec son immense salon et la vue dégagée sur le square Saint-Lambert. J'avais ma propre chambre et ma mère dormait dans le salon où je la vois encore feuilletant *France-Soir* chaque jour dans son fauteuil Voltaire – qui trône toujours dans mon entrée, abîmé par les années et tout de travers, mais dont je ne peux me résoudre à me débarrasser.

En dehors de plusieurs nounous qui s'occupaient de moi de temps à autre, j'étais sans arrêt collée à mon Ti-Mère, comme je l'appelais. Sa présence était mon refuge. Nous vivions dans le silence et sans élans de tendresse, mais j'étais avec elle et c'était tout ce qui comptait. À tel point que lorsqu'il lui arrivait de dîner chez des amis, je pouvais passer la soirée à l'attendre sur le palier, incapable d'être loin d'elle, terrorisée et démunie. Heureusement, il ne lui arrivait que très rarement de sortir.

*

Avec l'arrivée de mon beau-père, je n'ai pas compris ce qui se passait : il a chamboulé ma vie. Cette fois, Fabienne est tombée amoureuse, et ce Jean a pris toute la place. Même la mienne. Il s'est mis à occuper l'espace, à s'approprier mon petit chien, et pour mieux profiter de son nouvel amour et ne pas s'embarrasser d'une gosse, il a insisté pour me faire envoyer en pension : sans moi dans les pattes, à eux les voyages, la vie de château et la liberté. Mais jusque-là, jamais je n'avais été séparée de ma mère. Alors, partir en internat…

L'école, toujours privée, toujours en uniforme, j'ai détesté. Au primaire, je me souviens de toutes ces petites filles qui descendaient sagement l'escalier dans leur tenue imposée en rangs deux par deux, avec leurs couettes parfaitement peignées et leur col jamais froissé, pendant que je choisissais, moi, une pratique bien plus adaptée à ma personnalité et qui avait vite fait de me débrailler : je glissais le long de la rampe de haut en bas dans un grand éclat de rire ! Et tout était ainsi : je me tenais très mal. J'ai retrouvé dans les affaires de ma mère mes bulletins scolaires de cette époque et des années qui suivirent, et partout c'est la même chanson : « Carole perturbe le cours », « Carole n'est pas attentive », « Carole est toujours aussi dissipée », etc. Je suis une rebelle, une révoltée. Je n'ai jamais été obéissante. Je n'avais déjà pas envie d'obéir. J'ai toujours cherché les conneries et le danger. Non pour me distinguer ou me faire remarquer, mais pour tester les limites et pimenter le quotidien dans une sorte d'urgence de vivre qui me collera longtemps à la peau.

Je n'étais pas faite pour le carcan imposé par les religieuses au sourire féroce des institutions comme Dupanloup – « Dupanloup, moi j'm'en fous ! », chantait mon idiot de beau-père à la maison en espérant que je l'imiterais et que je me ferais gronder – ou Les Oiseaux, des établissements prestigieux et sévères où ma mère avait mis un point d'honneur à me scolariser dans l'espoir de me donner une éducation digne de ce nom. Mais là aussi, je me tenais mal. Si bien que chaque année, je me faisais virer de quelque part… Le blazer bleu marine, la jupette assortie, le col Claudine et la casquette vissée sur la tête, très peu pour moi. Alors la pension, encore plus rigide et sinistre, a été un véritable coup de massue.

*

Quand elle a rencontré son nouvel amant, ma mère était responsable du rayon foulard chez Hermès. Elle avait une petite quarantaine d'années et sa beauté ne laissait personne indifférent. Jean Darvey, mon beau-père, de quinze ans son aîné, immédiatement tombé sous son charme, lui a fait la cour sans relâche, jour après jour, la couvrant de bouquets et de cadeaux. Jusqu'à sa plus belle déclaration, accompagnée de la gourmette la plus chère de la vitrine.

À la tête d'une exploitation de bois à Abidjan, cet homme très riche et respecté, à qui on donnait du « monsieur le président », venait quotidiennement – et ce n'est pas une formule, il se pointait vraiment tous les jours rue du Faubourg-Saint-Honoré – dépenser sans compter chez le célèbre maroquinier. N'était-il pas allé jusqu'à faire même recouvrir les sièges de sa Porsche par la maison Hermès ?

De fait, il avait toujours deux voitures, une Porsche et une Mercedes. Et son plus grand plaisir était d'être le premier à conduire le nouveau modèle de ces deux marques, qui plus est, avant qu'il ne soit commercialisé en France – il les commandait en Allemagne. Il voulait être le seul à se montrer dans ces autos que personne n'avait jamais vues sauf sur les pages d'un magazine spécialisé : c'était son dernier jouet.

*

Une fois entré dans notre vie, Jean Darvey s'est mis à payer tout ce qui nous concernait, ma mère et moi. Fous amoureux, assoiffés de plaisir, ma mère et lui menaient grand train, voyageaient beaucoup et vivaient dans l'opulence. Mon beau-père couvrait son amante de cadeaux luxueux et de bijoux somptueux qui venaient tous des plus grands joailliers de la place Vendôme. Quelle veine pour une femme qui avait connu les déboires d'un mari alcoolique et accro au jeu, l'ayant laissée sans un sou !

Rien n'était jamais assez beau ni trop cher pour Jean qui emmenait ma mère passer les trois mois d'été, chaque année, au Royal, à Évian, où il avait sa suite et sa femme de chambre attitrées. Ado, je les retrouvais là-bas une semaine et il me réservait une chambre immense qui donnait sur le lac. Comme il laissait sa porte ouverte, je me souviens d'être restée abasourdie en apercevant dans son dressing, à l'occasion de l'une de mes visites, une multitude de vêtements impeccablement pendus sur des cintres qui avaient l'air disposés au centimètre près. Il y avait là des pantalons, des chemises et des vestes classés par dégradés de couleurs : du blanc pur au noir charbon en passant par tous les types de gris subtils, puis des nuances de bleu ciel doux au bleu marine profond, des beiges, des taupes… Aucun ton sophistiqué ne semblait manquer, c'était époustouflant. Une tenue pour le matin, une tenue pour déjeuner, une autre pour l'après-midi et encore une pour le soir : quatre tenues par jour, toutes réalisées sur mesure chez Sulka, Charvet ou Hermès, sa griffe de prédilection. Un homme toujours très élégant.

Dans cet endroit de rêve où Jean Darvey séjournait comme un prince, le personnel, aux petits soins, sortait dès son arrivée – et avec les précautions d'usage – les nombreux bagages Hermès de son coffre avec force sourires et courbettes, et accédait à toutes ses demandes. Chaque sortie, chaque repas, chaque promenade était pour lui l'occasion de porter ses plus beaux vêtements. Dans la salle de restaurant, je me souviens que son arrivée suivait un petit rituel : depuis la porte jusqu'à leur table, ma mère et Jean scrutaient et saluaient d'un signe de tête chaque client déjà installé. Tradition d'une époque désuète…

Je me souviens aussi de la piscine, comme délicatement posée au milieu du parc où j'apercevais des biches à la tombée de la nuit. À quelques kilomètres de là, à Genève, Jean louait parfois un Riva Aquarama, l'un des plus beaux bateaux en acajou du prestigieux constructeur italien, pour nous emmener déjeuner de l'autre côté du lac, à Talloires, où se trouvait un célèbre restaurant.

Mon beau-père était un épicurien, un homme de goût et généreux. Il faut admettre que lorsque je suis devenue ado et qu'il s'est un peu adouci vis-à-vis de moi, il m'a beaucoup gâtée. Pour mes vingt ans, il m'a offert de très beaux bijoux chez Van Cleef & Arpels – il draguait toutes les vendeuses, c'était un charmeur. Vers mes vingt-deux ou vingt-trois ans, il m'invitait à Évian, seule, et m'offrait de très beaux vêtements chez Jean Bouquin, réputé pour sa mode hippie chic. J'avais un peu honte de me retrouver seule avec lui dans cet endroit luxueux : les mauvaises langues pensaient que j'étais sa petite amie, je ne me sentais pas très à l'aise et j'essayais par tous les moyens de signifier qu'il était mon beau-père, non mon *boyfriend*… Finalement, si mon beau-père s'était attendri, c'était parce qu'il était fier d'avoir à son bras une jolie jeune femme. Ça, je m'en souviens !

*

À la différence de ma mère, lui avait compris que je prenais des substances. Et pour cause : il se piquait pour calmer les douleurs atroces dues à de gros calculs aux reins. C'est en passant devant sa suite, ouverte, que j'avais un jour repéré son matériel, des seringues et des flacons de Denoral rangés avec soin dans un vanity-case – Hermès, évidemment.

La morphine et les calmants dérivés, comme l'héro, quand on en connaît un peu les effets, se détectent aux pupilles en tête d'épingle… Dans ses grands yeux bleus, ça ne pouvait pas se louper ; dans les miens, il avait dû les déceler à l'occasion. Lui et moi avions compris. Il ne m'a jamais fait de réflexion, mais cette connivence nous a rapprochés.

*

Quoi qu'il en soit, bien avant cet adoucissement de nos relations, j'ai payé le prix fort de la passion torride entre Jean et ma mère. Et notamment quand elle a décidé, pour les beaux yeux de son prince charmant, de m'envoyer en pension. Ce fut pour moi une gifle, un effroyable abandon.

Comment pouvait-on ainsi m'arracher à elle ? Pourquoi cet homme me détestait-il au point de me séparer de ma maman, m'infligeant au passage, chaque dimanche, des adieux déchirants qui ne lui faisaient ni chaud ni froid ?

C'est vrai que je me tenais mal en classe et que chaque année se reposait l'épineuse question de ma scolarisation dans un nouvel établissement, mais je n'étais pas pour autant une mauvaise fille. Et j'avais tant besoin de cette relation à ma mère… En outre, pourquoi avoir choisi de m'envoyer en pension si loin de chez nous ? Pour se débarrasser de moi, il n'y avait aucun doute là-dessus. Un abandon auquel ma mère a consenti.

Tous les dimanches, au départ du car qui venait récupérer les petites élèves aux portes de Paris, accrochée aux montants de la porte, je hurlais, suppliant ma mère de ne pas me laisser partir. Je l'aimais tant, j'avais tellement besoin de sa présence. M'en aller si loin d'elle était mon pire cauchemar.

Et chaque semaine commençait par cette scène déchirante que mon père observait du coin de l'œil depuis l'autre côté du trottoir entre deux sanglots. Car, oui, mon père assistait aussi à ces départs dramatiques. Ma détresse le faisait souffrir, et le spectacle de son ex-femme, heureuse et amoureuse, au bras d'un autre que lui et au volant d'une Porsche flambant neuve, ne devait faire qu'ajouter à sa tristesse. Il pleurait, mais ne pouvait rien faire pour apaiser ma peine.

Mais pourquoi donc ces adultes ne voulaient-ils pas comprendre qu'ils répétaient, dimanche après dimanche, un abandon traumatisant en m'envoyant dans cette pension ?

La pension

L'internat, dans les années 1960, n'avait rien à envier aux prisons. Et je suis plutôt bien placée pour me permettre la comparaison puisque des années plus tard, lorsque je me suis retrouvée à Fleury-Mérogis, j'ai relevé pas mal de points communs entre ces deux établissements. Bref, les fameuses bonnes sœurs, je m'en souviendrai !

C'est sans doute pendant ces années de pensionnat, ponctuées par les règles strictes, une discipline de fer et une grande austérité, que mon désir de liberté s'est révélé dans toute sa puissance. Arrachée à ma mère, livrée à une horde de religieuses cruelles et intolérantes bien décidées à m'apprendre à obéir, je n'avais qu'une envie, qu'une idée en tête : m'affranchir des règles et de la discipline, escalader les murs de l'internat pour retrouver mon Ti-Mère – ou découvrir le monde, peut-être.

*

J'ai oublié le nom et le lieu de cette pension cinq étoiles où j'ai atterri, mais je n'ai rien omis de tout le reste. Dans cet établissement austère et imposant, entouré d'un immense parc, on était comme dans un film en noir et blanc : des sœurs aux élèves en passant par les murs des bâtiments et nos manuels scolaires, tout était comme vidé de ses couleurs. Dans ce lieu plus mort que vif, on aurait dit que la seule vocation de nos professeurs était de nous « remettre dans le droit chemin », de nous recadrer ; mais je n'avais rien fait de mal, moi ! Voilà ce que je me disais sous le drap rêche du petit lit glacé en métal, entourée des onze autres filles du grand dortoir d'où nous n'avions même pas le droit de nous relever la nuit pour aller aux toilettes…

Mon calvaire de pensionnaire a duré deux ans. Deux longues années scolaires rythmées par les crises systématiques du dimanche soir qui me laissaient exsangue et abandonnée, les douches communes et les critiques acerbes des religieuses. Jusqu'à ce que ma mère apprenne que la belle couverture écossaise à prix d'or – sans doute en cachemire, j'ai oublié – que j'avais reçue pour Noël m'avait été confisquée par les bonnes sœurs, alors que le thermomètre descendait en dessous de zéro les nuits d'hiver dans le dortoir immense. C'en fut trop. Retour à la maison.

*

Mais tout le temps qu'a duré la relation de maman avec Jean Darvey, c'est-à-dire une dizaine d'années, ce sentiment d'abandon, ce non-amour qu'il me manifestait ne m'a jamais lâchée. Mon beau-père ne m'avait pas seulement piqué ma mère et gommée autant que possible de sa vie, il était mauvais avec moi. Et Fabienne, pour lui plaire ou se plier à son autorité – je ne le saurai jamais –, restait muette, voire se montrait plus dure et brutale que lorsque nous étions seules, elle et moi. Quand il venait déjeuner chez nous, je détestais le soin qu'elle mettait à dresser une belle table, disposant une nappe immaculée et les plus délicates assiettes pour son amant.

Ça me mettait hors de moi et rien ni personne ne volait jamais à mon secours. Sauf mon parrain. Car il y avait mon parrain que j'aimais tant. Heureusement.

*

Claude Lardy, mon parrain, était le meilleur ami de mon père. Je crois même qu'il lui empruntait de l'argent pour aller jouer. Il s'est occupé de moi toute sa vie et j'aimais qu'il me parle de papa, de leur amitié, de leur complicité. Il prenait soin de moi et me témoignait beaucoup d'affection.

Il a fait partie de ceux qui ont compté dans ma vie et n'hésitait pas à me gâter. Un jour, je me suis même acheté un sac à main avec un peu d'argent qu'il m'avait donné. Mais comme je n'avais plus rien, et qu'un petit crayon à paupières m'avait fait de l'œil au rayon maquillage du grand magasin, je me suis servie bêtement au comptoir, glissant l'objet du délit au fond de ma poche sans réfléchir. Une histoire de gamine, quoi. Rattrapée sur le pas de la porte par un vigile qui m'avait repérée – « Mademoiselle ! » m'a-t-il dit en tapotant par surprise mon épaule, alors que j'avais déjà un pied sur le trottoir : j'ai eu la peur de ma vie –, je me suis retrouvée au poste de police du Printemps où j'ai dû attendre l'arrivée de ma mère. Accompagnée de mon beau-père, comme elle imposant dans son manteau en peau lainée doublé de fourrure, maman m'a envoyé la plus grande gifle que j'aie jamais reçue. Une claque à me retourner la tête. À tel point que le jeune agent qui se tenait près de moi lui a fait remarquer avec courtoisie qu'elle y allait un peu fort : « Ce n'était qu'une bêtise de gamine, madame. »

Au fond, je savais bien que ce geste n'avait rien à voir avec ce vol idiot : maman voulait seulement montrer à son amant exigeant et insensible qu'elle était capable de me tenir tête et de me « dresser ». Il avait dû lui dire en chemin : « C'est une sale gamine » et, afin de ne pas perdre la face, elle désirait lui prouver que sa fille, elle la gérait. Elle n'avait ce genre d'attitude qu'en sa présence, il ne fallait pas avoir de don surnaturel pour s'en rendre compte.

Une fois encore, ce jour-là, je me suis sentie terriblement seule. En me jetant cette violente claque au visage, elle me désavouait. Et m'abandonnait un peu plus encore.

*

Pendant les vacances, ce beau-père jaloux savait très bien s'interposer entre ma mère et moi. En plus des trois mois qu'ils passaient ensemble au Royal à Évian, tous deux séjournaient régulièrement dans des palaces, notamment à Crans-sur-Sierre ou à Megève, des stations branchées où certains Parisiens avaient coutume de se retrouver l'hiver. Et moi, ils me laissaient aux bons soins de colos trois étoiles… qui étaient plutôt sympas, à vrai dire. Alors que les vacances avec ma mère étaient jusque-là les seuls moments un peu légers que nous partagions toutes les deux, il me fallait désormais composer avec Jean.

Terminé, nos voyages en tête à tête, notre temps à nous, nos retrouvailles, ces courtes pauses où elle se montrait plus détendue qu'à Paris ; le décor changeait, le quotidien des devoirs et du dîner dans le silence avant d'allumer la télévision pour regarder mon feuilleton préféré, *Ivanhoé* – Roger Moore, qui incarnait le héros, était mon sauveur ! – ou *Thierry la Fronde*, s'envolait, mais nous profitions du grand air et des paysages de mer ou de montagnes à perte de vue ensemble. Surtout, nous n'étions plus soumises à des horaires : je déteste tout ce qui me rappelle le temps qui passe – drôle de paradoxe pour la collectionneuse de montres que je suis devenue ! Mais, une fois que lui est entré dans sa vie, ce n'était plus possible.

Or, je les aimais, nos moments à deux. À Hossegor notamment, j'ai le souvenir de vacances joyeuses, comme une parenthèse enchantée, savourées dans un petit hôtel où, avant que Jean s'en mêle, nous occupions chaque année la même chambre dotée d'une belle vue sur le lac. Nous partions toutes les deux, dormant dans le même lit. J'adorais la chaleur de cette intimité passagère, la fantaisie providentielle de ces bulles hors du temps.

À Saint-Tropez aussi, j'ai vécu avec elle des moments doux, magiques, dans la grande maison que nous louions pour une semaine ou deux. Ces vacances demeurent à tout jamais les seuls moments d'une union possible avec ma mère. Des séjours qui restent comme des petites empreintes sur mon cœur ; j'aimais si fort ma mère…

*

Pour dire la vérité, je regrette chaque jour que nous n'ayons pas su nous rencontrer vraiment. Nous confier l'une à l'autre. Au quotidien, ma mère ne m'adressait la parole que pour les questions d'usage ou les classiques : « Carole, il est tard, tu devrais être au lit », « Tu as fait tes devoirs ? », etc. Elle ne disait rien, ne me demandait rien. Et les rares fois où je me suis autorisée par exemple à lui confesser que j'étais amoureuse, face à sa moue dégoûtée – ce garçon ne lui plaisait vraiment pas, mais aucun autre ne lui aurait plu davantage, et au lieu d'essayer de le connaître, elle décrétait d'office qu'elle ne l'aimait pas –, très vite, je n'ai plus eu envie de partager ce qui me faisait vibrer. Je ne disais plus rien.

Plus cruel encore que ce silence, il y avait le chic que ma mère avait pour me mettre mal à l'aise devant les autres. Comme ce jour de printemps où, alors que j'avais retrouvé ma bande de copains au Drug-West, un établissement en bas des Champs-Élysées où la jeunesse dorée avait l'habitude de se réunir le week-end pour partager un soda ou une menthe à l'eau, elle a débarqué comme une furie et, sans raison, sur un ton qui n'appelait aucune résistance, m'a demandé de rentrer immédiatement. J'avais quatorze ou quinze ans, je ne faisais rien de mal, on était juste entre nous. Humiliation totale devant tous mes amis.

En écrivant ces mots cinquante-cinq ans plus tard, la confusion et le désarroi dans lesquels me laissait ce genre de scènes me glacent encore. Un mélange de haine, de mortification et de grande injustice : je ne méritais pas cette violence.

Mon seul tort, je l'ai compris plus tard, était de m'amuser, de rire et de me laisser aller à la légèreté de mon âge. Ma mère se privait de toute fantaisie et de plaisir, mais qu'y pouvais-je ?

Mon père

En détaillant les photos de la jeune Fabienne qui me tient, nouvelle-née, dans ses bras, je devine dans ses yeux de maman tout l'amour qu'elle avait pour moi, cette trace d'un attachement charnel que j'ai eu tant de mal à percevoir, enfant.

Ma mère avait refusé que je la console du décès de son fils Jean-Claude, refusé que je la soutienne quand elle avait quitté mon père. À force de me sentir rejetée dans les moments de détresse, j'ai développé une incapacité à me montrer tendre et douce. Envers les hommes, surtout. Cette violence que j'ai connue petite m'a bien plus marquée que les épisodes joyeux de mon enfance, et je n'ai cessé, toute ma vie, de la reporter sur les hommes que j'ai connus. Dans un cycle infernal. Pour venger ma mère.

*

La mort de mon père, au début des années 1970, fait partie des souvenirs qui témoignent de cette froideur et de sa difficulté à m'assurer de son amour. Je suis triste d'être imprégnée encore de ces pénibles souvenirs. J'étais jeune quand papa est parti. Dix-huit ans. La veille, j'avais refermé la porte de sa chambre d'hôpital sur un homme exténué par la maladie, au corps décharné et sans aucune force. Cela faisait des semaines que son état empirait. Le bel homme musclé et digne qu'il avait été me semblait déjà loin depuis des mois. Il m'avait demandé de lui apporter des piles pour son poste de radio. Ce sont les derniers mots que nous avons échangés.

Le lendemain, en apprenant sa disparition, je me suis effondrée. Mon père parti, je restais seule avec ma mère. Bien sûr, ce n'étaient pas les relations en pointillé que j'avais avec lui qui allaient me manquer puisque nous ne passions que trop peu de temps ensemble depuis la séparation de mes parents, et que nos rapports étaient distants. Je me protégeais de la tristesse qu'il ressentait encore d'avoir perdu celle qu'il avait toujours considérée comme la femme de sa vie. Pour mettre à distance cette souffrance, je n'avais eu d'autre choix que de m'éloigner, même s'il s'était montré protecteur et sensible.

*

Au fond, je n'ai pas trouvé davantage auprès de mon père que de ma mère la tendresse et le soutien dont je rêvais. Il n'y avait pas vraiment de place pour moi dans leur vie. Et je n'ai que des bribes de souvenirs avec lui, des images fugaces de week-ends à Deauville, où je faisais de la voltige – j'adorais ça ! –, de vacances à Saint-Jean-de-Luz où nous étions partis tous les trois alors que mes parents, déjà, ne vivaient plus ensemble. J'avais quoi, trois, quatre ans ? Ce sont mes seuls souvenirs avec mon papa et ma maman qui s'aiment – ça se voit dans leurs yeux, leurs sourires, sur les vieux clichés un peu jaunis que j'ai retrouvés de nous sur la plage.

De Deauville, je conserve des traces d'un bonheur fugace mais parfait : j'avais ma mère et mon père pour moi toute seule, et mes cours de voltige sur des poneys d'abord, puis sur des chevaux, en grandissant. C'était une vraie passion, l'équitation. Plus tard, ma mère m'a d'ailleurs inscrite au Touring Club de France, dans le bois de Boulogne, où j'ai monté pendant huit ans un cheval rien que pour moi dont je prenais soin chaque mercredi. J'avais une passion pour les chevaux, et mon professeur de dressage, M. Laridan, très strict et exigeant, disait même que j'avais de grandes dispositions. J'étais fière que maman assiste, au milieu des autres parents venus applaudir leur progéniture, à mes concours de sauts et de dressage où j'ai obtenu mes diplômes de premier et deuxième degrés – je me suis arrêtée après avoir remporté ces deux concours, le troisième degré est réservé à ceux qui veulent devenir professeurs.

Je me souviens aussi de mon père qui venait me chercher en bas de l'immeuble et qui m'attendait avec ma demi-sœur, toute petite, ou qui me retrouvait sur le terrain de tennis où je prenais des cours chaque samedi ; je crois qu'il avait besoin de me voir, de conserver le lien avec sa fille, d'apercevoir ma mère, aussi. Comme il savait qu'elle viendrait me chercher après ma leçon, c'était une façon pour lui de ne pas nous perdre totalement de vue. À l'occasion, provocateur, il lui lançait que son Alfa Romeo, puisqu'elle était verte, allait lui porter malheur… Pourtant, partout où il savait pouvoir trouver Fabienne, il venait, incapable de tirer un trait sur leur histoire d'amour.

*

Dans les dernières années de sa vie, il avait trouvé refuge chez sa propre mère à Neuilly-sur-Seine. Ayant tout perdu au jeu, il ne pouvait même plus se payer un logement décent. Cette femme terriblement remontée contre ma mère la pourrissait autant qu'elle le pouvait en ma présence, reportant son aversion sur moi… Pas facile de créer du lien non plus dans ces conditions.

Perdre son père est une étape compliquée dans la vie d'une jeune fille. J'aurais apprécié que ma mère me soutienne dans cette épreuve. Elle n'a pas su le faire. C'est à elle que j'ai demandé de me conduire à la morgue. Je voulais dire au revoir à mon père, et qui d'autre pouvait me réconforter dans cet ultime adieu ? Elle a accepté de m'emmener, pas de m'accompagner. Je me suis donc retrouvée seule dans une salle froide et blanche, divisée en quatre par des rideaux en plastique. On aurait dit une immense douche carrelée du sol au plafond. Le croque-mort qui m'avait conduite jusque-là s'est approché d'une des tables, a soulevé le drap, et j'ai découvert le visage sans vie de mon papa. Puis il m'a laissée là. Seule. Seule face à cette épreuve terrible du dernier adieu.

Sa leucémie l'avait détruit à petit feu. Il était parti à cinquante ans à peine, mais son visage creusé, son corps éreinté étaient ceux d'un vieil homme. Je l'ai néanmoins trouvé reposé, moins abîmé que la veille, les traits détendus. Cette dernière visite, je le savais, était importante pour la suite de ma vie. Je devais être là afin de ne rien avoir à me reprocher : au moins, j'étais près de lui pour son dernier voyage.

Au début du disco

À quatorze ans, je dansais sur les disques légendaires de la Motown que passaient en boucle le Kiss Club ou le Balajo, des dancings ouverts aux gamins l'après-midi. J'y allais seule, avec l'accord de ma mère bien sûr, et n'y faisais rien d'autre que me trémousser sur la piste, m'imaginant des petites chorégraphies et me laissant emporter par le moment. J'adorais danser en rythme ; la musique m'offrait une bulle de plaisir, une parenthèse. Il faut dire qu'on était alors en 1968, et qu'entre Marvin Gaye, Stevie Wonder et Diana Ross qui sortaient cette année-là des tubes mythiques, nous n'avions pas trop à nous plaindre, côté groove.

Je retrouvais aussi ces titres dans les premières boums auxquelles j'ai adoré participer pendant mes voyages linguistiques à Southampton, en Angleterre. Reçue par la famille Simpson, des gens adorables, je me souviens surtout des fameux quarts d'heure américains, où ce sont les filles qui invitent les garçons à danser un slow, comme de mes premiers moments de liberté. C'était magique !

*

À seize ans, c'est une copine de classe plus âgée et plus téméraire que moi qui m'avait entraînée en boîte de nuit pour la première fois. Après m'être assurée que ma mère dormait à poings fermés, j'avais rejoint en cachette Sylvie B. à l'Open One, club hippie-chic mythique où d'immenses coussins étaient posés à même le sol pendant que des images psychédéliques étaient projetées sur les murs. Je pense que c'est là que j'ai été piquée par le virus de la nuit ! J'ai découvert un univers extravagant à la hauteur du grain de folie qui poussait dans mon corps et mon esprit. C'est la seule et unique fois où j'ai fait le mur ; sinon j'avais la permission de minuit, et pas une minute de retard n'était tolérée.

Ma mère ne voyait pas mes sorties nocturnes d'un très bon œil. Elle avait un peu dansé, elle aussi, me disait-elle, swinguant à l'occasion au Bilboquet, au cœur de Saint-Germain-des-Prés, où venaient jouer des groupes de jazz. Elle avait sans doute profité de la fantastique période d'après-guerre, au bras de son Georges, pour effacer de sa mémoire les bombardements et l'enfermement forcé, mais elle n'avait à ma connaissance jamais fréquenté les endroits branchés de la capitale depuis qu'elle était mère ; elle sortait d'ailleurs très peu, que ce soit avec mon père ou avec Jean. Maman ne recevait personne, n'organisait jamais de dîners. Chez nous, pas d'éclats de rire ou de champagne les soirs de fête, jamais de bande de copains en train de refaire le monde dans le canapé autour d'un bon verre de vin. J'ai reproduit la même chose ; je ne sais pas recevoir chez moi, je n'organise jamais de dîners.

Fabienne était couverte de bijoux, toujours très bien habillée, roulait dans de belles autos qu'on remplaçait au gré de ses envies – je me souviens qu'on s'étonnait souvent de la voir avec une nouvelle voiture (« Encore ! ») quand nous passions le dimanche à Dourdan –, mais elle n'était pas un modèle de fêtarde, loin de là. Partout où elle sortait, dans les grands hôtels et les tables étoilées, il fallait être sur son trente et un, rentrer dans le cadre. Je me souviens d'avoir longtemps porté deux très belles tenues signées Jean Bouquin, que j'alternais pour dîner avec eux au Royal, à Évian. Un ensemble en panne de velours brodé couleur lie-de-vin, et une robe en crêpe bleu et en velours que j'adorais. Mais rien de tout cela ne m'amusait vraiment. Ce monde d'adultes strict et conformiste, les liftiers des palaces, les conversations sérieuses des repas interminables... à seize ans, je rêvais d'autre chose.

*

Dans les écoles que je fréquentais, où les parents se donnent bonne conscience en scolarisant leurs enfants chéris et où l'on me mettait, moi, dans l'espoir de voir remonter mes notes, il y a toujours quelqu'un pour vous entraîner dans des virées nocturnes improbables ; j'étais la « proie » idéale de ces jeunes. J'avais tellement soif de liberté, de sensations fortes et d'amour que découvrir les boîtes de nuit m'a fait immédiatement tourner la tête. On était au début des folles années disco et l'atmosphère de ces lieux était incroyablement festive et ludique.

Une fois entraînée, je ne pouvais plus me passer de l'ambiance que je ne trouvais que dans ces sous-sols parisiens où l'on n'a plus rien à cacher. C'est dans ces virées au cœur des nuits de la capitale, de Saint-Germain-des-Prés à Pigalle ou en bas des Champs-Élysées, que j'ai commencé à déraper. À force d'être cadenassée dans un environnement démesurément strict, j'ai voulu découvrir l'autre côté du miroir, celui qui me faisait de l'œil dans ces lieux magiques au goût d'interdit.

Je me souviens de l'effet insensé de mon premier acide, pris à l'occasion de ma découverte de l'Open

One, aux antipodes de l'éducation que prônait ma mère. Ce soir-là, je suis rentrée chez moi en pilote automatique, planant au milieu d'un monde imaginaire plein de couleurs et de formes étranges. Il paraît que j'ai passé deux heures dans la salle de bains à délirer sur les motifs d'un tee-shirt… Une tête de corsaire était dessinée dessus avec des ronds en plastique dans lesquels il y avait des yeux qui bougeaient. J'ai joué à faire bouger les yeux pendant des heures. Littéralement scotchée.

Une fois couchée, j'ai eu l'impression de m'enfoncer dans mon lit comme dans des sables mouvants, jusqu'à perdre à moitié conscience jusqu'au lendemain. Ce même lendemain où j'ai eu droit à une semonce magistrale de ma mère qui avait fouillé mes poches en devinant que j'avais pris de la drogue. Mais elle ne comprenait pas ce que c'était ; à l'époque, les parents étaient tout à fait dépassés sur ce sujet et mon comportement n'était tout simplement pas acceptable. C'est à ce moment-là que j'ai commencé à être odieuse avec elle.

Je ne voulais plus d'une vie cadrée, sérieuse, sous l'autorité maternelle. Je rêvais d'un monde sans limites, de liberté et de cet enthousiasme que m'offraient les effets psychédéliques projetés du sol au plafond, les tubes du moment, les corps envoûtés qui se frôlaient dans l'ombre, se mélangeaient puis disparaissaient avec le lever du soleil.

Le temps de l'émancipation

C'est à peu près au moment du décès de mon père, alors qu'elle filait le parfait amour avec Jean, que ma mère a décidé de m'émanciper. J'avais désormais dix-huit ans, mon bac en poche – décroché de justesse par je ne sais quel miracle, alors que j'avais tout juste le niveau pour passer chaque année dans la classe supérieure. À l'époque, l'âge de la majorité était fixé à vingt et un ans. Elle a sans doute pensé, par ce geste, m'offrir l'indépendance dont je rêvais. Elle n'imaginait pas jusqu'où m'entraînerait ma quête de liberté.

*

N'ayant plus de comptes à rendre sur mes sorties et mes horaires de coucher, je suis allée de découverte en découverte dans tous les repaires nocturnes de la jeunesse dorée : Régine, Castel, le Bus Palladium ou l'Élysée Matignon n'eurent bientôt plus aucun secret pour moi. Ces sorties sont alors devenues aussi régulières que les rencontres incroyables que j'y faisais. Plus rien ne m'arrêtait.

Le brouhaha des discussions, la musique à plein tube, la fantaisie vestimentaire des années 1970, les couleurs chaudes, les paillettes : j'ai immédiatement tout aimé. Ce qui m'a grisée par-dessus tout dans ce monde de la nuit et de la fête, ce sont les personnalités incroyables qu'on y rencontre. Voilà le monde qui me plaisait, à l'opposé de la vie fondée sur des règles à n'en plus finir, où il faut à tout prix rentrer dans la norme. Dans ces jeux de lumières disco multicolores, les gens s'aiment pour une soirée ou pour la vie. Qu'ils soient célibataires ou en couple, traditionnels ou délurés, peu importe, parce que, l'espace de quelques heures, on s'aime et c'est tout ce qui compte. On boit, on danse, on se défonce. Il n'y a plus de stress, les soucis et les obligations de la journée disparaissent. On peut mettre les tenues les plus loufoques – que jamais on ne porterait en plein jour, ça fait partie du jeu. C'est la fête, et c'est ce qui importe.

Je dansais toute la nuit, retrouvant de table en table les habitués, des gens triés sur le volet qui étaient devenus ma famille nocturne, tant nous finissions par nous connaître tous.

*

On commençait souvent par aller prendre un verre au bar du haut, très privé, du Paradis Latin, tenu par Jean-Marie Rivière, dont on a longtemps dit qu'il était l'un des « rois des nuits parisiennes », pour regarder danser les plus belles meneuses de revue de l'époque qui faisaient fantasmer tous les mecs ! On filait ensuite au Bus Palladium, ouvert en 1976 par le journaliste Sam Bernett, une figure rock d'alors, qui faisait partie des lieux branchés où les convives dansaient régulièrement sur les tables au son des meilleurs tubes américains des années 1970.

Chaque soir, à 22 heures précises, les habitués arrivaient en masse, fidèles au rendez-vous. Cet endroit mythique attirait une foule éclectique, composée de musiciens, de personnalités de la publicité et d'influents hommes d'affaires venus faire la fête. Tout le monde se connaissait, et dès qu'on passait la porte, on se sentait chez nous.

Parmi les figures emblématiques du Bus Palladium, il y avait Josy, la responsable du lieu et véritable icône. Ensuite, elle avait enchaîné avec les Bains Douches et d'autres clubs branchés de la capitale. Josy était une petite femme, attachante et redoutable. Si elle nous appréciait, nous avions notre place parmi les habitués. Sinon, nous n'avions qu'à passer notre chemin !

Je me souviens d'un concert particulièrement mémorable de Patti Smith. L'icône rock souvent considérée comme la marraine du mouvement punk avait mis une ambiance de feu à l'occasion d'une soirée organisée par *Playboy*. Les hôtesses arboraient les tenues emblématiques et audacieuses de la célèbre revue – une minijupe noire ultracourte, un tablier blanc, un petit nœud papillon noir noué autour de leur col blanc, un ruban noir habilement disposé dans leurs cheveux pour évoquer les oreilles d'un lapin – et escaladaient, provocantes et glamour, un immense phallus de glace qui trônait au milieu de la pièce pour y verser de la vodka ! Durant toute la nuit, la file d'attente ne désemplissait pas, personne ne voulant louper cette distribution de vodka pure glacée.

*

Les boîtes de rockeurs, le Martin's ou l'Élysée Matignon n'étaient pas en reste. Le Keur Samba, pour les afters, était le dernier endroit ouvert jusqu'à l'aube. À l'Élysée, je croisais Serge Gainsbourg, accoudé au bar avec son habituel Blue Lagoon – la police venait régulièrement demander s'il était là pour le ramener chez lui… – ou la chanteuse Dani, devenue une copine, après qu'elle avait fait plusieurs fois la première partie des concerts de Claude François. Je la retrouvais aussi dans sa boîte de nuit, l'Aventure, un établissement qu'elle a tenu dans les années 1970. Patrick Juvet, Hervé Vilard,

Johnny Hallyday et toute sa clique, que je croisais souvent, pouvaient passer des nuits entières dans ces murs. Et moi, je m'y rendais tous les soirs, sans exception. J'aimais tellement me fondre parmi les habitués, stars ou voyous, princesses et hommes d'affaires, mélangés au Keur Samba autour de grandes tablées où l'alcool coulait à flots et où la coke tournait jusqu'à pas d'heure, puis finir la nuit au Pied de Cochon, dans le quartier des Halles, restaurant où il est possible de commander à n'importe quelle heure, même au petit matin, un copieux pied de porc ou des fruits de mer.

Parfois on finissait aussi la nuit au Queen, sur les Champs-Élysées, où l'on croisait au lever du soleil des drags en minijupes à paillettes qui déambulaient sur des bottines à plateforme de vingt centimètres au beau milieu des pavés casse-gueule de l'avenue déserte. C'était vraiment festif !

Le 6e arrondissement regorgeait de lieux mythiques. Chez Castel, Jean Castel, un autre « roi des nuits parisiennes » (Régine, elle, en était la « reine »), qui tenait cet établissement distingué et incontournable où se retrouvait la jeunesse dorée, me reconnaissait et se montrait toujours très courtois avec moi. Au bar, laqué noir rutilant, je retrouvais aussi à la même place le comédien Jean-Pierre Cassel qui me dévisageait de son regard bleu. J'y ai croisé Lauren Bacall, Claude Brasseur, Steve McQueen et Ali MacGraw, avec qui je me rappelle avoir dîné. L'actrice iconique des *seventies* m'a impressionnée avec ses ongles interminables et sa beauté à couper le souffle.

*

J'avais besoin de cette folie, des nuits décalées que m'offrait un monde à part, immense, où je pouvais tout oser. En quête de lâcher-prise et de l'amour que met à la portée de tous l'ambiance des nuits déjantées, entourée d'une bande toujours à fond, j'entrais dans n'importe quelle discothèque de la capitale au rythme de mes envies et des rencontres. Et qu'est-ce que nous y étions bien accueillis !

C'est à cette période où le monde m'a tendu les bras que j'ai fait l'une des plus belles rencontres de ma vie, celle de Claude François. Une aventure qui allait durer quatre ans ; quatre années de folie, d'amitié, d'exaltation, de tournées et de voyages. Une rencontre que jamais je n'aurais pu faire sans l'autre grande aventure de ma vie : mon amitié avec l'immense artiste et icône de la chanson française France Gall.

France Gall, mon amie, ma sœur

J'avais tout juste vingt ans lorsque j'ai croisé Claude François, en 1974, sur un plateau de télévision. Jamais cette occasion ne se serait présentée si je n'avait été liée comme je l'étais alors à France Gall, rencontrée quelques années plus tôt, et que je ne quittais plus. Nous étions inséparables.

Ma mère avait l'habitude, depuis la fin des années 1960, de m'emmener chaque hiver à l'hôtel Castel Champlat, un petit chalet dans le centre-ville de Megève où nous partagions une chambre. C'était une sorte de pension de famille proprette où beaucoup d'artistes avaient l'habitude de poser leurs valises avant ou après Noël. Ils y étaient bien reçus, chouchoutés, et on respectait leur anonymat : rien de tape-à-l'œil ou d'excentrique.

Cette année-là, vraisemblablement en 1968, France était venue passer quelques jours à l'hôtel, elle aussi, entre deux tournées. Elle avait une petite vingtaine d'années, moi, quinze ans à peine. J'étais dans la salle à manger, installée pour le dîner en face de ma mère – en silence, sans doute –, quand la jeune chanteuse s'est approchée de notre table en s'adressant à elle avec l'aplomb qui la caractérisait mais dont je ne savais encore rien : « Bonsoir madame, est-ce que je peux emmener votre fille ce soir ? On va danser ! » Après quelques secondes d'hésitation – qui m'ont semblé des heures –, ma mère a finalement accepté, m'accordant la permission de minuit, comme de coutume. Ce fut le point de départ d'une longue amitié entre nous. Un coup de foudre amical puissant qui a duré plusieurs décennies.

Dès notre rencontre, France m'a emmenée partout, me prenant sous son aile comme une petite sœur. Je n'étais qu'une lycéenne ; elle était déjà une artiste reconnue depuis son succès à l'Eurovision quelques années auparavant avec le célèbre titre *Poupée de cire, poupée de son*. Dès que c'était possible, pendant les week-ends ou les vacances scolaires, France, que j'appelais désormais « Babou », son surnom pour les intimes, venait me chercher à la maison dans sa Porsche Targa – nous partagions la même passion pour les belles voitures – et elle m'entraînait sur les plateaux de télévision ou en coulisses des scènes de concert pour me faire découvrir et partager son univers.

Je me souviens notamment d'un trajet sur le chemin du retour de l'aéroport d'Orly – nous rentrions d'une émission de télé à Cologne, en Allemagne –, où nous avions enchaîné les fous rires, comme deux gamines : la Porsche était décapotée, et je m'amusais de voir les passagers des voitures qui passaient à notre hauteur reconnaître France !

*

On peut dire qu'avec France, j'ai vécu la plus belle histoire d'amitié de toute ma vie. Elle a été mon âme sœur, ma complice, et m'a apporté à elle seule la chaleur de la famille que je n'ai jamais vraiment ressentie. De toutes mes amitiés avec des artistes, celle que j'ai connue avec elle fut la plus intense, la plus douce et la plus longue.

À seize ans, je passais tous mes week-ends dans son appartement du 16e arrondissement, où il y avait tout le temps du monde. Un lieu charmant, plein de vie, à l'image de Babou, et toujours rempli de copines et de copains. J'y ai vu défiler les artistes du moment, mais croiser ces stars que j'avais plutôt l'habitude de voir à la une des magazines ou en tête du Top 50 ne m'épatait pas ; à force, je n'y faisais plus attention – et puis, je n'ai jamais eu l'âme d'une midinette. En revanche, j'adorais l'énergie qui se déployait là. France avait toute une bande de copains musiciens, acteurs ou danseurs qui se retrouvaient dans sa cuisine autour de grands dîners. Des repas où j'ai savouré les meilleurs fous rires de ma vie, notamment avec le compositeur Frank Zappa, très connu à l'époque.

Babou était un petit bout de femme superbe. Solaire et très gaie, elle riait tout le temps. Du haut de ses vingt ans, elle était déjà une femme, moi encore une adolescente, mais notre complicité était celle de deux gamines qui se découvrent « meilleures amies pour la vie ». Inséparables, on parlait des heures, se confiant nos secrets, nos ambitions, nos rêves de liberté et nos coups de cœur. Nos rires résonnaient comme une mélodie familière dans les rues ou les lieux que nous partagions, à Paris ou en tournée, et notre complicité était marquée par des moments de silence partagés aussi significatifs que nos conversations interminables. Ensemble, nous explorions le monde qui s'ouvrait à nous avec une curiosité insatiable, soudées par une confiance mutuelle et une passion commune pour la musique et les idéaux de l'époque, forgeant ainsi une amitié profonde et indéfectible.

*

Fusionnelles, où que nous allions, nous ne nous quittions pas. Elle avait autant besoin de présence, de chaleur et de tendresse que moi. Elle aimait que je sois toujours près d'elle : au studio, sur scène ou dans les coulisses des plateaux télé. Alors j'étais là, quelque part dans l'ombre, et généralement la seule à être invitée dans les loges de ses concerts. On riait, on papotait ; elle m'amusait avec cette manie qu'elle avait de dormir avec un coussin sur le visage pour récupérer un peu avant de monter sur scène. C'était son truc. Et, quand elle était assoupie, l'un de ses pieds bougeait toujours comme pour battre le rythme d'une mélodie qu'elle était la seule à entendre.

Je pouvais la suivre partout parce que j'étais son amie, mais aussi parce que je n'étais pas en transe à l'idée de me retrouver avec les plus grands artistes du moment ni de découvrir l'envers du décor. Il lui arrivait de vouloir être seule avec moi après ses spectacles, parce que notre silence complice lui redonnait des forces et que je savais, par un regard, un sourire, lui exprimer combien elle était une artiste accomplie et une femme exceptionnelle. Je me souviens qu'elle me prenait la main en sortant de scène et qu'on montait ensemble dans sa loge, inséparables.

*

Et puis, au milieu des années 1970, ma Babou est tombée sous le charme de Michel Berger. J'ai encore en tête le moment où l'amour s'est immiscé discrètement dans la relation jusque-là professionnelle qu'entretenaient France et Michel. Je peux en témoigner parce que nous passions le plus clair de notre temps ensemble, France et moi, même lorsque Michel est venu travailler avec elle.

Avec France, Michel avait trouvé une nouvelle muse avec un petit timbre de voix *vibrato*, et au fil des mois, ils sont tombés amoureux. Quasiment sous mes yeux, ces deux icônes de la chanson française ont créé une alchimie artistique et amoureuse inoubliable qui a marqué le début d'une collaboration qui révolutionnerait la scène musicale française.

Jusqu'à cette grande histoire d'amour, qui est l'histoire de sa vie, on ne s'était jamais quittées, toutes les deux. Ensuite, leur vie de couple et leur immense carrière ont pris le dessus. J'ai continué à suivre Babou dans les studios d'enregistrement pour ses premiers albums avec Michel.

Officialisant leur union par leur mariage en 1976, ils ont créé ensemble des titres devenus légendaires, comme *Musique*, *Si, maman si*, ou plus tard *Résiste*, et des spectacles grandioses, notamment l'opéra rock *Starmania*, mêlant créativité et passion. Je me souviens que pendant des années, pour les répétitions, pour ses concerts ou le soir des premières, elle tenait à ce que je sois là, toujours. On se retrouvait ensuite chez eux, près du parc Monceau, où nous passions des heures à refaire le monde. Puis ce fut de moins en moins souvent et la proximité totale a fini par laisser place à une relation plus distendue.

Même s'il y a eu de beaux moments suspendus dans les maisons de vacances avec nos enfants dès que nous sommes devenues mamans, de fait, ce n'était plus la même chose que dans nos très jeunes années. France était désormais une star incontournable, dédiée à la musique et à son public ; moi, j'avais mes deuils à surmonter, mes voyages, mes histoires. Et ma vie avec Eduardo ; je me souviens que lorsque je lui ai présenté cet homme dont je venais de tomber amoureuse, en 1980, France lui a demandé de bien prendre soin de moi. La gentillesse avec laquelle elle a formulé cette demande m'a profondément touchée.

La vie nous a donc éloignées peu à peu et nous ne nous sommes plus vues qu'en pointillé. Nous sommes même restées fâchées près de cinq ans à cause d'une dispute idiote, mais ensuite on s'est retrouvées. Elle continuait à m'inviter chez elle, à Paris ou ailleurs, suivait chaque étape de ma vie. Elle est la première à avoir rencontré ma fille à la maternité. Ma fille qui, trente ans plus tard, est restée proche de son fils, qu'elle connaît depuis toujours.

Un soir – sûrement l'un des derniers de notre tendre complicité –, nous étions chez elle, partageant nos confidences. On a parlé toute la nuit et je suis partie le lendemain, avec le lever du soleil. Je conserve précieusement les douces paroles et les souvenirs que nous avons partagés cette nuit-là comme un secret. De nos folles virées d'adolescentes excentriques – et pourtant sages – à notre souhait jamais réalisé de nous retrouver toutes les deux dans son havre de paix sur une petite île, au large de Dakar, où elle partait se ressourcer quand elle le pouvait. Elle me parlait beaucoup d'un sage, là-bas, avec qui elle aimait discuter et qui lui apportait beaucoup de sérénité. Vingt fois elle a voulu que je l'accompagne dans cette retraite, mais nos emplois du temps n'étaient jamais compatibles ; ça n'a pas pu se faire. Je le regrette tellement.

Je chéris aussi à tout jamais l'attention que m'ont portée ses parents et l'ensemble de son entourage, bienveillant et fidèle. Ces personnes formidables, qui prenaient grand soin de ma fille et de moi lorsque nous passions des vacances chez elles, étaient un peu ma famille. France me le répétait souvent. Le souvenir de ces belles années d'insouciance est indélébile.

Cloclo

Claude François, c'est au moment de l'élection de Valéry Giscard d'Estaing, au printemps 1974, que je l'ai rencontré. J'accompagnais Babou pour une célèbre émission de variétés qui réunissait les stars de la chanson du moment. France chantait, Claude aussi – il était même l'invité d'honneur, ce jour-là, et allait recevoir un Disque d'or, je crois –, mais il y avait également sur scène Daniel Guichard, Mireille Mathieu, C. Jérôme, Alain Chamfort, Mike Brant, Michel Fugain, Charles Aznavour ou encore Sheila. J'en oublie sûrement : ils étaient tous présents !

Le public était déjà installé dans la salle immense quand Claude François est sorti en trombe de sa loge, pile en face de celle de France, visiblement exaspéré ; il pestait contre l'une de ses danseuses. À quelques pas de lui, debout près des musiciens, je me trouvais en pleine discussion avec France.

Quand il m'a aperçue dans ma petite robe sage siglée Daniel Hechter - Norblain, qui partageait ma vie depuis plusieurs mois, était commercial chez eux - et mes souliers à brides qui faisaient très petite fille, le regard de Claude s'est arrêté sur moi et il m'a lancé, de but en blanc : « Tu sais danser, toi ? » Prise au dépourvu, j'ai bafouillé « Oui, oui, j'ai fait quelques années de classique.

— Alors, rendez-vous demain au bureau pour un essai. »

Ni plus, ni moins. Sans me douter que ce rendez-vous allait chambouler mon existence, je n'ai pas fait la fine bouche : c'était tout de même le célèbre Cloclo qui me convoquait en personne à une audition !

Le lendemain, effarouchée et un peu tremblante, j'ai répété maladroitement les trois ou quatre pas que m'avait montrés vite fait Pat, la capitaine des Clodettes, sur *Chanson populaire*, chorégraphie esquissée sur la moquette de l'hôtel particulier du chanteur, boulevard Exelmans. J'étais hyper-intimidée, mais j'ai dû le convaincre, parce que Claude m'a immédiatement embauchée : « C'est bon, tu fais la tournée avec moi cet été. Tu as un mois et demi pour être au point. »

*

J'étais fière d'avoir décroché cette place, même si devenir Clodette, me retrouver sur scène aux côtés de Claude François, finalement, tout cela ne m'évoquait pas grand-chose. C'est vrai que je n'avais pas d'attirance particulière pour les célébrités ou les paillettes, et que j'étais tout sauf une groupie. De plus, j'étais davantage séduite par les artistes américains et plutôt fan des grands guitaristes et du rock'n'roll que de disco et de variété hexagonale. Mes idoles étaient les Rolling Stones, les Pink Floyd, David Bowie, Eric Clapton et Supertramp – que je m'acharnais à vouloir faire aimer à ma mère, sans succès ! J'avais quand même le béguin pour une chanson de Claude, *Des bises de moi pour toi*, une reprise de *From Me to You* des Beatles, qui me donnait immanquablement le sourire autant qu'une irrésistible envie de danser.

Je crois que je ne prenais pas la mesure de l'importance de la situation et que je considérais le début de cette aventure avec l'insouciance de mon jeune âge. J'avais déjà fait l'expérience de la scène en intégrant une petite troupe quelques mois plus tôt, avec deux autres danseuses, pour un chanteur quelconque – mais très gentil ; là, je me jetais dans le grand bain avec un grand monsieur, mais je ne me souviens pas que ç'ait été pour moi une source d'inquiétude. Au moins, cette tournée allait me permettre de gagner des sous, et un peu de liberté.

À vingt et un ans, ce n'était pas si mal. En fait, j'étais même super contente !

Ce boulot était plus adapté à mon tempérament que celui de vendeuse au rayon chaussures de Prisunic dont je venais de faire l'expérience pendant un mois avec un directeur du magasin qui m'avait lui-même fait remarquer, au moment de me remercier, que ce travail ne semblait pas taillé pour moi. Ambiance blouse bleue et socquettes blanches, pointeuse à heures fixes et vestiaires métalliques, tout ce qu'il y a de plus triste… Au secours !

Tenter une aventure de Clodette nécessiterait sûrement de la rigueur et du travail – la grande exigence de Claude n'était pas qu'une réputation –, mais si je voulais continuer à m'étourdir la nuit, au moins je pourrais le faire tout à mon aise : les répétitions n'avaient jamais lieu aux horaires de bureau – ça tombait bien, le réveil à 7 heures du matin, non merci. Ce métier allait me permettre de dormir jusqu'à midi pour récupérer de mes escapades nocturnes. Je me suis donc senti pousser des ailes. Jusqu'à les brûler.

*

J'étais loin d'imaginer combien le rythme serait soutenu. D'autant plus qu'en parallèle de ma carrière de Clodette, je me suis mise à faire tous les salons de prêt-à-porter de la Porte de Versailles en tant que mannequin. Quelques mois seulement après avoir été engagée, je me souviens d'avoir enchaîné trois galas consécutifs en Belgique en pleine période de salons. Après chaque spectacle, à plus de minuit, je prenais la route et j'avalais les trois cents kilomètres qui me séparaient de Paris. Arrivée chez moi, j'avais à peine le temps de passer sous la douche avant de courir au salon pour quelques heures, puis de repartir en direction de Bruxelles dans l'après-midi. Au troisième jour, j'étais tellement épuisée par le manque de sommeil que j'avais des hallucinations.

Il est vrai aussi que les spectacles de Claude François étaient d'une telle intensité que nous avions souvent besoin de deux ou trois heures pour décompresser. Lorsque nous étions en tournée, l'ambiance du car ressemblait alors à un joyeux bordel !

Sur scène, les shows étaient deux fois plus rapides que lors des enregistrements d'émissions : il fallait tenir le rythme ! Pendant l'intro, Claude présentait chacune de ses danseuses et la faisait monter sur scène, sous les applaudissements. Un jour, à mon arrivée, j'ai fait un vol plané. Je venais d'emprunter le chemin de boue qui menait des loges, à l'extérieur, à la scène sous le chapiteau, escortée d'une rangée de policiers comme gardes du corps – qui voulaient tous des autographes dans leur képi ! Entre le sol humide du plateau à cause de la condensation et mes bottes pleines de boue, ça n'a pas loupé : je me suis étalée de tout mon long ! L'angoisse de tous les artistes… et « le métier qui rentre », avait coutume de dire Claude.

Quelques mois avant d'intégrer la troupe des Clodettes, j'avais emménagé dans le grand studio que ma mère m'avait acheté rue de Lourmel, à quelques centaines de mètres de celui que nous avions habité, elle et moi. Je me sentais heureuse, libre et prête à découvrir la vie. Mais c'était compter sans ma première grande déception amoureuse. La première d'une longue série. J'ignorais encore que j'allais passer mon existence à aimer les hommes autant qu'à les détester.

*

Paul Albou fut le premier. Il était le dentiste attitré des stars – celui qui devait sa célébrité au fameux diamant dont il avait orné la canine de Mick Jagger. Qu'est-ce que j'ai pu m'attacher à cet homme ! Même si j'avais perdu ma virginité dans les bras d'un rockeur anglais l'année précédente, pendant un voyage linguistique, ce fut lui, mon véritable premier amour.

Paul avait quarante-cinq ans quand j'en avais dix-sept… On ne faisait pas grand cas, dans les années 1970, d'un tel écart d'âge dans un couple.

Même lorsqu'il s'agissait d'une mineure. J'étais en admiration devant ce célèbre médecin charismatique ; lui était sans doute heureux de conjurer le temps à mon bras. Mais il n'a jamais eu de geste déplacé. Il était rassurant, attentionné et délicat. Néanmoins, inutile d'avoir longuement étudié la psychanalyse pour deviner combien j'étais à la recherche d'une image paternelle digne de ce nom. Entre un père absent et malheureux et un beau-père qui ne m'aimait pas, je sais combien la protection et l'amour d'un homme mûr me comblaient, me réparaient.

J'adorais aussi sa grande chienne, Kessia, que je prenais un peu pour mon propre animal, quand je retrouvais Paul dans son hôtel particulier près de la place de l'Étoile – avec une vue sublime sur l'arc de Triomphe. Nos rendez-vous me faisaient chavirer. Avec lui, je me sentais importante.

Notre rupture fut très pénible. Ce fut mon premier chagrin de femme. J'ai d'ailleurs conservé le poème que j'avais écrit à Paul quand il m'a quittée. On y devine la déception d'une jeune femme blessée. Abandonnée, encore.

Cette jeunesse que j'ai la chance de posséder,
Je l'ai offerte à un être assoiffé de pureté.
Cet homme incroyablement chaud,
Cette beauté un peu fanée, tendre, dure parfois,
Je l'aime, je l'aime, je l'aime, trois fois.

L'éclat de ses yeux fatigués me possède,
La douceur de sa peau m'aimante,
Sa présence me tonifie.
Jamais il ne m'appartiendra, jamais.
C'est un rapace volant la jeunesse.
Chaque conquête le fait revivre
À nouveau il sourit et danse
Et à nouveau il s'ennuie, et s'en va.
Pourquoi ne possède-t-il pas de cœur ?
Dieu m'a-t-il oubliée ?
N'ai-je pas le droit d'être aimée ?
Paul, mes dix-huit ans, tu les as connus,
Tu les as tenus dans tes mains,
Tu les as caressés, mais tu les as brisés.
Adieu ! Cher amour
Je n'avais pas mérité cette indifférence.

*

À peine remise de ce premier chagrin d'amour, juste avant de faire mes premiers pas dans la troupe de Claude, je suis tombée amoureuse de Patrick Norblain. On était jeunes, on était heureux, il m'attirait de façon magnétique et c'est le premier garçon avec lequel je me suis installée, rue de la Tour, dans le 16e arrondissement. Mais avec lui, je suis aussi entrée de plain-pied dans la jalousie, la violence. La même que j'avais vue détruire ma mère…

Je me croyais plus forte que ça, je pensais m'être construit une armure qui me prémunirait de la violence des hommes. Que dalle ! Quand je tombais vraiment amoureuse, je me laissais embarquer très loin sans jamais me méfier ou me protéger.

J'aurais voulu me montrer distante et froide, mais ma jeunesse innocente et mon allure de petite fille modèle au look BCBG tendance garçon manqué attiraient les hommes comme un aimant. J'avais du succès, mais je ne me livrais pas facilement. Quelque part dans ma tête, je cherchais à me protéger des hommes, de leur machisme et de leur attrait pour le sexe. Mais quand j'y réfléchis, j'ai toujours été attirée par des hommes un peu machos, peut-être dans la continuité de ma recherche d'un père, d'un protecteur plus fort que moi.

Je crois que je n'ai jamais su comment aimer un homme ; je n'avais pas d'exemple et ne savais pas comment m'y prendre. Au lieu d'essayer d'arrondir les angles pour que ça se passe mieux, je me comportais à ma guise, sans faire ni concessions ni efforts pour lui plaire.

Au fond, je me suis finalement toujours méfiée. Entre ma mère qui avait été abandonnée comme une moins que rien par le père de son fils, mon père qui battait ma mère et mon beau-père qui ne m'aimait pas… il y avait de quoi ! Mais la méfiance ne m'a pas protégée.

Norblain – il s'appelait Patrick mais on se nommait par nos noms de famille, et il est toujours resté « Norblain », pour moi – fut le premier de mes amants à se montrer violent dans l'intimité et à me prouver la fragilité de la vie. Coléreux, alcoolique, il pouvait briser en mille morceaux un verre qu'il tenait dans la main pour un petit mot de travers. Mais on était jeunes et toujours entourés de copains, c'était léger, la plupart du temps. Notre histoire aurait dû être gaie et jamais je n'ai eu conscience du danger qu'il représentait. J'étais sous le charme de ce grand brun ténébreux et magnétique, je n'ai pas vu venir sa jalousie maladive, exacerbée par son penchant pour l'alcool.

Lorsqu'il a commencé à me voir danser aux côtés de Cloclo, sur scène, dans des émissions retransmises à la télévision, il a eu le sentiment de devoir me partager. Et ça ne lui a pas plu. J'avais déjà remarqué qu'il me prenait pour sa chose lorsqu'en boîte de nuit il lui arrivait de me fusiller du regard, estimant que je dansais trop près d'un homme ou que je me « comportais » mal, disait-il ensuite.

J'ai mis un terme à notre histoire quand il m'a ordonné d'arrêter ma carrière de Clodette parce qu'il « ne supportait pas que toute la France voie mon cul ». Hors de question que j'arrête pour lui, ou pour n'importe quel mec, d'ailleurs !

Surtout que l'aventure avec Claude se présentait comme une sorte de rêve éveillé, une fête sans limites en dehors d'un espace-temps classique et me promettait de faire partie d'une grande famille.

*

J'ai rejoint la troupe de Claude François au moment où le « phénomène Cloclo », en pleine mutation, amorçait sa fulgurante ascension. Cela faisait plusieurs années que ses danseuses l'accompagnaient, mais au milieu des années 1970, le chanteur s'était mis en tête de réinventer ses spectacles en shows éblouissants et de souligner le corps de ses Clodettes en tenues disco de plus en plus sexy et légères. Bodies en strass minimalistes réalisés sur mesure, cuissardes argentées aux talons démesurés, colliers de chien et chorégraphies volontairement lascives et provocantes, l'ensemble électrisait le public dans une sorte d'hystérie collective dont j'étais la première à bénéficier : je sentais souffler sur ma vie la folie du disco et un grand vent de liberté !

La vague disco-paillettes-Cloclo avait quelque chose de grisant qui reste difficile à décrire pour qui n'a pas franchi les coulisses. Jamais je n'oublierai les hurlements des spectateurs à notre arrivée, l'énergie du public qui galvanise, la beauté folle des costumes qui mettaient si bien nos corps en valeur. Quand les musiciens commençaient l'intro avant que nous montions sur scène dans notre habit de lumière, l'adrénaline qui nous transperçait était quelque chose d'inouï. Attendues comme le messie, nous, les Clodettes, n'étions pas de simples danseuses mais des éléments indispensables autour de Claude : notre rôle était aussi important que celui du célèbre chanteur que nous entourions. Et le public manifestait autant sa considération pour nous que pour son idole.

C'est incroyable comme l'amour du public vous transporte dans un monde parallèle, vous fait vibrer. La magie de la scène transcende et rend plus vivant que jamais. Une fois qu'on a goûté à ce paradis, difficile de faire marche arrière. La musique et la vie d'artiste sont un monde incroyable où la lumière des projecteurs maquille le réel et fait oublier le reste jusqu'à ce que le rideau tombe… C'était grisant. Plus encore pour moi, si jeune et ne m'étant départie que depuis peu de mes atours de petite fille sage…

*

Lorsque j'ai quitté Claude en janvier 1978, après un dernier spectacle au Royal Albert Hall de Londres, je comptais faire un break et revenir vite. Malheureusement, le terrible drame survenu deux mois plus tard – son accident mortel – en a décidé autrement.

Mais mon histoire avec le spectacle ne s'est pas arrêtée là. J'ai fait une tournée avec Michel Sardou en 1984, et plus tard, un 45 tours – on les appelait comme ça, les vinyles, à l'époque – et un titre en hommage à Cloclo dont j'avais composé les paroles : *C'est pour toi que je danse.*

Transmettre des émotions, écrire des textes pour exprimer et partager quelque chose de fort, c'est ce que les chanteurs font de plus beau parce qu'ils y gagnent l'amour du public. Un amour vrai. Je n'aurais sûrement pas fait de conneries si j'avais écrit plus souvent des textes et appris à jouer d'un instrument. Mais la vie en a décidé autrement.

Ces deux tentatives ont échoué parce que je n'avais pas d'agent pour démarcher les maisons de disques ; seule, je n'ai pas su me vendre… C'est dommage, parce que les musiciens de Claude – tous des pointures – s'étaient déplacés à l'appel de Slim qui avait pris du temps pour ce titre et qui m'avait offert des journées et des soirées dans son studio d'enregistrement, car il croyait à cet album. Avec un tel talent à la guitare – Slim n'était pas « seulement » le guitariste attitré de Claude après avoir été celui de Nino Ferrer, il a aussi remporté deux Disques d'or avec les deux premiers albums de son groupe Voyage, au début des années 1980 –, on avait tout pour faire un carton ! L'aventure s'est finalement arrêtée là. Depuis sa mort en janvier 2024, je dois dire que Slim laisse un grand vide dans mon cœur et dans la troupe.

*

La tournée avec Michel Sardou est restée gravée dans ma mémoire, notamment grâce à Joe Pinto, un peu « voyou sur les bords », que j'ai adoré fréquenter. J'aimais sa voix, son charisme : il suffisait qu'il prenne la parole pour que tout le monde se taise et l'écoute. Comme mon futur compagnon Eduardo, il avait un côté magnétique. C'était ce type d'homme qui aimante et dont on ne peut plus se passer.

Joe était le tourneur de Sardou, c'est pourquoi on s'est retrouvés, lui comme organisateur, moi comme danseuse. Si je n'ai fait qu'une seule tournée – d'ailleurs, c'est dommage –, à l'époque j'avais été repérée par deux, trois journalistes et les gazettes *people* avaient titré : « Sardou pique une Clodette »… Michel Sardou avait immédiatement mis fin à mon contrat pour qu'on ne le lui reproche pas.

Avec Joe, je passais les nuits au Keur Samba ou au Bus Palladium, au milieu des princesses et des rockeurs, des starlettes et des politiciens. Une nuit, alors qu'il savait que j'étais au Byblos à Saint-Tropez, il a appelé la patronne, Jacqueline

Vaissière, pour me dire : « Je viens te chercher, on part en hélicoptère. » Il l'a fait et on a rejoint sur un coup de tête la tournée de son copain Johnny Hallyday ! Comme à chaque fois qu'une nouvelle aventure se présentait, j'étais partante, libre comme l'air, sans attache ni horaires de bureau, prête à tout pour croquer la vie à pleines dents.

Joe et moi, tous deux dans un jeu de séduction, nous flirtions sagement. Il était libre, déraisonnable, et ça me faisait craquer : le danger, l'imprévu, les coups de tête étaient un peu sa spécialité. J'étais jeune, insouciante, et je n'avais pas conscience de mon imprudence. Être aux côtés d'un type qui n'avait peur de rien était magique, me faisait rire et pimentait mon quotidien : c'était tout ce qui comptait.

J'ai fini par mettre un terme à cette relation avant que le piège ne se referme sur moi. L'aventure était belle mais j'ai eu peur et elle ne pouvait durer. Joe était un voyou, quand même.

*

Ma carrière de Clodette a eu un autre avantage : celui de plaire à ma mère. Ça ne l'a pas rendue tout à coup tendre et douce, non, mais je devinais dans ses yeux, et à certains de ses propos, quelque chose qui ressemblait à de la fierté. Au fond, même si elle rêvait pour moi d'une autre vie, plus « rangée », elle n'était pas insensible à mes talents de danseuse, à ma beauté juvénile. Elle me faisait des compliments sur ma façon de m'habiller et de me mettre en valeur avec trois fois rien. Elle avait une expression qui m'est restée et qu'elle m'adressait souvent lorsque je la rejoignais au Fouquet's, où elle était attablée comme chaque midi avec Jean qui y avait sa table. Après une nuit sans sommeil à écumer les discothèques parisiennes qui aurait dû faire pâlir ma mine, elle observait soigneusement ma tenue, mon expression, puis elle me disait avec une pointe d'admiration dans le regard : « C'est fou, t'as juste les yeux, le nez et la bouche posés sur le visage. » Quelle douceur, dans cette expression ! Je ne l'ai jamais oubliée.

*

J'ai eu avec Claude une relation professionnelle bonne et respectueuse, et mon aventure artistique avec lui est toujours restée dans ce cadre strict : si vous cherchez une révélation croustillante, vous ne la trouverez pas !

Sans doute avait-il beaucoup de tendresse pour moi, j'étais si jeune – l'une des plus jeunes de la troupe – et tellement naïve, mais il me respectait, comme toutes les Clodettes, d'ailleurs. Il n'a jamais eu de gestes déplacés ou d'attitude prêtant à confusion, comme le sous-entendent parfois les médias.

Il faut avouer que beaucoup de ses fans étaient de très jeunes filles, mais jamais je n'ai vu Claude se montrer prédateur et « choisir » une petite jeune à la fin d'un spectacle pour le suivre jusqu'à sa chambre. Je suis formelle, il n'était pas ce genre d'homme.

Comme il me savait amoureuse, je me souviens qu'il disait en souriant que j'étais « un peu trop sage ». Il faut dire que mon côté fillette bien comme il faut faisait rire la troupe qui me traitait – toujours gentiment – de « petite bourge » parce que je débarquais en hiver avec un manteau en loup offert par mon beau-père, que je portais des bijoux Van Cleef & Arpels et que j'avais comme valise un grand cabas Vuitton !

Pour moi, Cloclo était le patron, et mon travail, juste du travail. Après les tournées, après les galas et les dîners mémorables avec la troupe, je retournais à mon existence. Et elle était tout aussi trépidante.

J'ai connu une vie d'artiste à cent à l'heure ! En tournée, particulièrement. On faisait des centaines et des centaines de kilomètres, en France et en Belgique, pour assurer le show dans une ville différente chaque soir. Le rythme étant intense, pour décompresser après les concerts, on se retrouvait souvent tous au restaurant où nous étions capables de nous comporter comme une bande d'ados intenables : on parlait fort, on riait aux éclats et il arrivait même qu'on fasse des batailles de frites ! À l'hôtel, où nous rentrions au beau milieu de la nuit, on se baladait de chambre en chambre, incapables de trouver le sommeil, pour continuer à papoter. À force de passer nos jours et nos nuits ensemble, la troupe est devenue ma famille, avec notamment Ketty, le guitariste Slim, Lyli, Felix et Marco, dont je suis toujours très proche. Claude, lui, restait le patron, le « coq », comme on l'appelait – il le savait, c'était devenu une plaisanterie entre nous.

*

À Paris, après les émissions de télévision que nous enchaînions alors à un rythme effréné – des programmes de variétés incontournables des années 1970 comme « Ring Parade » et « Système 2 » présentés par Guy Lux, « TV Music-Hall », « La une est à vous », « Télé-Dimanche », et « Les Rendez-vous du dimanche » de Michel Drucker –, je rejoignais ma propre bande de copains, toujours les mêmes, chaque soir dans un resto différent avant d'aller en boîte toute la nuit…

Quel tourbillon, quel train d'enfer, ces quatre années ! Mais j'avais beau être follement amoureuse et passer le plus clair de mes nuits à faire la fête, j'ai toujours pris très au sérieux mon rôle de Clodette et travaillé sans relâche – même si je n'étais pas toujours dans le tempo et que Claude ne me loupait pas dans ses notes de service.

Je voyais bien qu'il n'avait aucune douceur, pas une once d'indulgence vis-à-vis de lui-même : il posait un œil très critique sur son travail, sur son physique et sur ses prestations en général. Rien n'était jamais suffisamment abouti pour lui. Il vivait dans le doute permanent vis-à-vis de ses capacités et m'en faisait de temps en temps la confidence. Toujours insatisfait, perfectionniste, il n'était pas heureux.

Ce bourreau de travail entièrement dévoué à sa carrière musicale, sans cesse en quête de nouvelles idées pour ses chansons ou ses spectacles, n'en finissait pas d'inventer des chorégraphies de plus en plus pointues et des costumes sur mesure étourdissants. Ses propres chemises n'étaient-elles pas attachées à l'entrejambe par une patte de tissu boutonnée à la façon d'un body afin qu'elles ne sortent jamais de son pantalon pendant le show ? Une vraie touche d'originalité, en ce temps-là, surtout pour un homme ! Il répétait d'arrache-pied et mettait tous ses efforts dans la production de ses albums. C'est lui, toujours, qui trouvait la chorégraphie du refrain de ses chansons. Claude, enfin, avait à cœur de nouer une relation très proche avec son public et était connu pour sa générosité envers ses fans. Il organisait régulièrement des rencontres avec eux, ce qui était très novateur pour l'époque.

Finalement, il était aussi dur et exigeant avec lui qu'avec les autres. Mais il gérait tellement de choses à lui seul, sans déléguer ! Ça ne peut se faire qu'à ce prix, et je l'avais bien compris. Alors je bossais, répétais beaucoup et me donnais du mal, afin d'être au niveau des autres filles qui, pour la plupart, dansaient depuis plusieurs années à ses côtés. J'étais à mes débuts, mais j'avais intérêt à assurer : le boss ne tolérait aucun faux pas.

En parlant de faux pas, le plus gros de ma carrière de Clodette, je l'ai fait lors de ma toute première scène ! Je n'aurais pas pu rêver pire... J'ai trébuché sur les trois petites marches en bois du chapiteau et déchiré mon collant résille Repetto tout neuf. Avec un trou de la taille d'une pièce de dix francs, pas question de me montrer sur scène, Claude l'aurait vu direct. Je suis donc repartie en courant vers les loges qui étaient en pleine nature, mes talons aiguilles s'enfonçant dans la boue... Un vrai parcours du combattant !

Le temps d'enfiler une autre paire de bas et de repartir dans l'autre sens, la première chanson était terminée : j'avais loupé ma première entrée sur scène. Quand je suis remontée, j'étais pétrie de trouille à l'idée que Claude soit furax en me voyant. S'il avait été de mauvaise humeur, je suis sûre qu'il m'aurait fait signe de repartir. Mais il semblait plutôt amusé. C'était mon tout premier concert, il m'a épargnée.

*

Je sais que Claude avait un faible pour mon style vestimentaire – il m'avait repérée pour ça et m'en avait fait plusieurs fois la remarque. Il me faisait souvent des compliments : venant d'un homme aussi peu expansif que lui, c'était une belle preuve d'affection. Mon corps androgyne, j'en jouais avec maîtrise et très naturellement. Sur mon look jean-chemise-santiags, j'enfilais un blazer cintré, ajoutais une cravate, et bim, j'affichais le petit côté rock'n'roll et BCBG qui m'a longtemps collé à la peau. Quant à la touche finale, elle donnait sûrement raison à Claude au sujet de ma candeur : je portais toujours l'un des pin's à l'effigie des personnages de Walt Disney que je collectionnais au revers de ma veste !

J'ai longtemps aimé m'habiller comme ça ; c'était aussi une façon de me montrer ambiguë dans ma sexualité et d'envoyer des signaux contradictoires. Même si je n'ai été amoureuse que d'hommes, j'ai depuis toujours une attirance très forte pour les femmes, que j'aime autrement, pour leur sensibilité et leur douceur, mais aussi pour leur force et leur courage. Elles sont plus « couillues » que les hommes, c'est sûr, qui m'ont tant de fois déçue et blessée en faisant preuve, jusque dans mon cercle d'intimes, d'une brutalité, d'une couardise et d'une grande lâcheté qui me révoltent.

Ce look androgyne plaisait beaucoup aux femmes que je croisais au Katmandou, une boîte réservée aux filles – jeunes et belles –, situé rue du Vieux-Colombier, juste à côté de l'Open One. C'est aussi ce qui a plu à Denise Mottet, ma mère spirituelle, une personne qui a beaucoup compté pour moi.

*

J'éprouvais un amour presque filial pour cette femme au bagou incroyable qui a été ma grande confidente pendant plusieurs décennies. Elle savait m'écouter et faisait partie de ces gens qui ne font pas semblant, lorsqu'ils vous écoutent. La tendresse et l'attention de Denise ont remplacé celles d'une mère. Elle disait d'ailleurs qu'elle était ma « maman de substitution ».

Journaliste réputée qui avait interviewé les artistes les plus en vue de l'époque, comme Juliette Gréco, qu'elle adorait, toujours entourée des grands intellectuels de Paris, affranchie, originale, un peu trop intelligente pour vivre comme tout le monde, Denise était à mes yeux la femme de tous les possibles. C'était un être unique, qui savait apprécier les gens pour ce qu'ils étaient : elle disait que j'étais drôle, à la limite du cynisme, que mon look décalé, toujours dans la dérision, me donnait une forte personnalité, un petit coup de folie qui lui plaisait. Je la faisais rire, parce que, affirmait-elle, j'avais le don de cerner les gens en deux secondes exactement tels qu'ils étaient.

Elle voyait parfaitement que j'étais moi-même sur le fil en permanence, et assurait d'ailleurs que j'étais une funambule. Ayant saisi combien la vie « normale » m'ennuyait, elle savait que j'avais besoin de planer au-dessus pour ne pas la prendre en pleine gueule. Elle avait fort bien cerné son « P'tit Caro », comme elle m'appelait avec douceur. Quel flair elle avait pour repérer les filles singulières qui ne rentraient dans aucune case, pour l'agence de mannequins qu'elle avait montée !

Je conserve précieusement une lettre de l'été 1990, dans laquelle elle m'écrit, avec sa plume talentueuse – combien de fois, d'ailleurs, m'a-t-elle incitée farouchement à écrire, moi aussi : « *Tout d'un coup à Paris, un vide – tu es partie comme un ballon dans le ciel – plus de couleur, plus de rêves, plus de coup de vent, plus d'appels (d'air). Rien. Le vide. Ta vie était un manège.* »

Denise est partie après une longue maladie d'Alzheimer très éprouvante. Nos conversations, nos fous rires au téléphone me manquent chaque jour. Son départ a laissé un grand vide dans ma vie. Dans mon cœur.

Saint-Tropez

Mes plus beaux souvenirs avec ma mère sont irrémédiablement liés à ce village mythique. Dans les années 1970, Saint-Tropez était déjà une destination glamour particulièrement prisée des célébrités et jet-setteurs du monde entier. Stars de cinéma, artistes et milliardaires en tout genre s'y retrouvaient dans une ambiance festive et fastueuse : les plages de sable, envahies le jour pour des séances de bronzage en string – l'époque se moquait bien de l'indice 50 et on vivait tous à moitié nus –, devenaient chaque nuit, comme les boîtes et les discothèques du bord de mer, le théâtre de fêtes somptueuses qui se terminaient sur le pont des yachts flambant neufs qui mouillaient dans le port. On allait déjeuner – et se montrer – au Tahiti Plage, au Moorea ou au Club 55, et dîner à la Romana ou à la Voile rouge où des soirées extravagantes durant lesquelles tout était permis se prolongeaient jusqu'à l'aube.

À dix-huit ou vingt ans, j'étais invitée à toutes les plus belles réceptions de Saint-Tropez où les convives arrivaient en Lamborghini ou en Harley. En hélico, même ! Je ne sais pas trop comment j'atterrissais à la table de ces gens privilégiés qui menaient une vie cousue de fil d'or, d'insouciance et d'audace, mais j'étais là, sans rien calculer, sans rien demander non plus. Toujours souriante, discrète, je restais un peu en retrait.

Cette petite ville pittoresque du Sud, avec ses ruelles étroites, son marché méditerranéen et ses places baignées de soleil, devenait, durant les mois d'été, le cœur du monde de la nuit. Le centre-ville était déjà envahi de boutiques de créateurs, de restaurants et de bars branchés : c'était « *the place to be* ».

Sur la route de Ramatuelle, aux alentours, on apercevait sur leur Harley-Davidson et toujours bien accompagnés, Johnny Hallyday ou la joueuse de tennis et championne de course automobile Annie Soisbault – connue comme le loup blanc pour rendre folles d'amour même les femmes les plus attachées à leur hétérosexualité et à leurs maris ! J'ai appris plus tard que mon beau-père la connaissait bien ; tous deux passionnés de motos et de voitures de course, ils s'étaient liés d'amitié après s'être rencontrés en Allemagne.

*

Des personnalités incroyables ont croisé mon chemin. Certaines pour des années, comme mon amie France Gall, d'autres pour quelques heures ou quelques mois, comme Joëlle, la chanteuse du groupe Il était une fois, qui sortait avec le DJ du Byblos où nous aimions aller danser ; un soir, Jack Nicholson était passé là-bas alors que j'y étais. Je fréquentais tout ce beau monde qui se croisait dans un mouchoir de poche, à cette époque !

Je me souviens de Gilbert Bécaud qui déjeunait tous les jours au Tahiti Plage et commandait des petits pois au beurre qu'il écrasait à la fourchette ! Artiste reconnu et déjà apprécié, il avait cartonné avec *Nathalie* ou *Et maintenant*. J'avais flirté avec son fils, Gaya, sur le pont du bateau familial. Il s'appelait *Carole*, d'ailleurs, ce yacht !

J'ai sympathisé aussi avec la femme du milliardaire Tony Murray, qui était le seul de toute la baie à posséder un hélico sur son yacht. Il n'y avait pas encore de bateaux hauts comme des immeubles dans le port et le sien était connu de tous. J'ai aussi habité un temps sur le yacht immense d'un Anglais qui s'était entiché de mon amie Myriam – qui faisait partie de ma bande, un groupe de fidèles qui se reformait inlassablement de Paris à Megève et Courchevel l'hiver, et à Saint-Tropez l'été – et nous emmenait dîner dans les meilleurs restos de la côte… Il s'est tellement camé, celui-là, qu'il a fini sur la paille, paraît-il. Je suis restée plusieurs jours sur ce yacht avec Myriam et un bel Italien, bien plus âgé, que j'adorais et qui se montrait doux et respectueux avec moi. Il ne s'est rien passé entre nous mais il devait sentir combien je cherchais l'affection d'un homme solide et tendre. Éternellement à la recherche du père…

Il y a eu aussi Mick Jagger et son adorable femme Bianca, que j'ai retrouvés après un fameux concert des Rolling Stones au Pavillon de Paris, en 1976, pour un dîner chez Lipp en petit comité avec l'envoûtant Steve McQueen et sa femme Ali MacGraw – quel couple légendaire ! –, Eddie Barclay et ses mythiques soirées blanches qu'il organisait tous les ans…

Tous n'étaient que des gens de passage qui jamais ne s'attachaient et vous oubliaient aussitôt que vous aviez tourné le dos, mais sur le moment, tout le monde sympathisait dans une ambiance de fête, se tutoyait comme si on se connaissait depuis toujours et la vie avait l'air simple : extravagance et liberté, exactement ce à quoi j'aspirais. Ces gens m'ouvraient leur monde en grand avec la promesse d'une existence légère et dénuée de temporalité. Une vie de fête, une vie d'excès. Une vie dangereuse… pour une jeune fille sans garde-fous ni repères.

*

Sur les pistes de danse des Caves du Roy, du Papagayo ou du Pigeonnier, où Depardieu avait pris ses quartiers, le plus souvent accompagnée de mon amie Myriam, je ne pensais qu'à me laisser emporter par la sensualité de l'instant sans crainte du lendemain. Une occasion de prendre ma revanche sur les années austères et sombres de mon enfance.

Avec Claude, quand nous passions les trois mois d'été en tournée dans le Sud ou que nous faisions des galas aux alentours, la troupe logeait au Martinez et dînait aux plus belles adresses ; quelle folie, ces tournées d'été, ces soirées totalement en dehors de la réalité, ce rythme effréné enchaînant répétitions, balances pour régler le son et le matériel, puis le show lui-même… Et les dîners chez Gu, une institution sur la route de Salon-de-Provence, où tous les artistes se retrouvaient après les galas pour d'incontournables spaghettis au basilic dans une ambiance qui dégénérait souvent en belle pagaille.

Les tournées ressemblaient en fait à une sorte de colo cinq étoiles pour adultes. La troupe voyageait dans un car violet et rouge orné d'une immense flèche jaune caractéristique, le logo de Claude, alors que les deux camions remplis de matériel étaient arrivés la veille pour monter la scène. Comme les gens savaient que c'était la troupe de Claude François, on ne passait pas inaperçus !

Qu'est-ce qu'on a pu se marrer, pendant ces voyages ! On avalait des milliers de kilomètres sans voir le temps passer, tant l'ambiance était agréable et festive. Nous étions tous galvanisés par le triomphe de Claude qui tenait alors le haut de l'affiche. *Alexandrie Alexandra*, notamment, avait un succès fou ; mais en pleine période disco, presque toutes ses chansons devenaient des tubes dès leurs premiers passages à la radio.

*

L'été, nous dormions souvent pendant les trajets en bus parce qu'on enchaînait les galas. Nous arrivions épuisés aux confins de la France ou de la Belgique où nous avions tout juste le temps de déposer nos bagages avant de filer pour la balance et la répétition générale – toujours prévues à 18 heures. Si l'hôtel n'était pas trop éloigné, nous retournions nous y maquiller. Sinon, direction les loges jusqu'au soir, avec interdiction de faire le moindre détour par le café du coin car il ne fallait surtout pas que l'on nous voie avant le spectacle : il était essentiel de préserver la magie du show et des paillettes.

À chaque destination, une cohorte de fans assidus nous attendait. Ils ne manquaient aucun concert et nous accompagnaient partout, que ce soit en auto-stop, en train ou en voiture. À notre arrivée – bien avant celle de Claude –, ils étaient là depuis des heures, voire la veille, se pressant derrière les barrières, rejoints par le public qui n'hésitait pas à arriver des heures avant le début du show. Parfois ils étaient déjà là pour les répétitions et les balances.

En général, une entrée discrète était prévue pour éviter les bousculades lors de l'arrivée de Claude, que ce soit aux arènes de Nîmes, dans les théâtres en plein air, les grandes salles belges ou de Marseille, Lyon ou Paris, où nous avons donné un concert aux Tuileries en juin 1975. Pourtant, sa Mercedes était immanquablement repérée dès son arrivée, et les groupies, voyant descendre au loin leur idole dans ses vestes en cuir, ses habituelles Ray-Ban sur le nez, lançaient des hurlements et pleuraient de joie dans la seconde qui suivait !

Personne ne peut rester indifférent à une telle frénésie. J'en frissonne encore.

*

Une nuit, en pleine tournée estivale, nous arrêtant dans une station-service pour faire le plein d'essence, je me souviens que nous avions mis un souk incroyable. Félix, le régisseur lumière de Claude, avait trouvé le pompiste endormi et enfilé en catimini sa tenue de rechange qui traînait dans la boutique, avant de ressortir remplir le réservoir.

Il s'était mis des Tampax aux oreilles, qu'il faisait pendre en guise de boucles d'oreilles… Piqués par une hystérie collective, on faisait les idiots, on riait aux éclats. Moi j'avais volé une petite peluche – que j'ai toujours – dans la boutique. Notre cirque n'a pas duré longtemps car le pompiste s'est réveillé. Par chance, ça l'a fait marrer. Mais le lendemain nous avons eu droit à une note de service de Claude… que nous n'avions pas du tout fait rire !

Les notes de service, c'était l'une de ses spécialités. Il les enregistrait sur son dictaphone et s'en servait pour nous faire des remarques – rarement délicates – sur le soin que nous apportions à nos costumes, la qualité de notre travail, un comportement qui lui avait déplu ou un pas de danse qu'il jugeait insatisfaisant. Si c'était une façon pour lui de « conseiller » ses danseuses, de les faire progresser, ces mémos en disaient long sur la sévérité et la rigueur du chanteur.

*

Je me souviens aussi d'une journée délirante à refaire le monde sur le toit du Carlton, pendant le Festival de Cannes de 1977. Michel Drucker avait demandé à Claude de chanter en direct pour son émission « Les Rendez-vous du dimanche », déplacée exceptionnellement sur la Croisette, et on venait d'enregistrer une émission de télévision sur un bateau dans des conditions rocambolesques – les chorégraphies de Cloclo n'étant pas franchement adaptées au roulis du pont exigu d'un voilier, ça n'avait pas été facile. Claude profitait de ses fils qui l'avaient rejoint pour les grandes vacances et je n'oublierai jamais ces deux blondinets que leur père observait d'un œil protecteur et complice. C'était après avoir caché son fils Marc à la presse et au public pendant près de six ans par peur de « décevoir » ses fans en donnant de lui une image de papa qui lui semblait moins glamour que celle d'une bête de scène. Il pouvait désormais profiter pleinement et dans la lumière de son rôle de père.

Le visage de Claude à cette période tranche, dans ma mémoire, avec celui qu'il affichera quelques mois plus tard, lors de mon dernier spectacle à ses côtés.

La légende Cloclo

J'ai fini par en avoir un peu assez du rythme qu'imposaient les tournées, et j'avais choisi de quitter la troupe depuis quelques semaines quand Claude m'a réclamée pour un concert au Royal Albert Hall de Londres. Je me souviens, c'était en janvier 1978.

À 16 heures, ce jeudi-là, le bureau m'appelle pour m'informer qu'un avion décolle pour Heathrow dans deux heures et qu'une place est réservée pour moi sur ce vol. Claude me réclamant sur scène pour ce concert, je n'ai pas refusé – on ne refusait pas grand-chose à Cloclo. J'ai fait ma valise en catastrophe, fermé mon appartement en coup de vent et suis partie au volant de ma Coccinelle jaune intérieur jean – c'était une petite série de Volkswagen pour laquelle j'avais craqué – avec la ferme intention d'arriver à l'heure à Orly.

Sur l'autoroute, ça bouchonnait, alors sans hésiter, je me suis faufilée sur la bande d'arrêt d'urgence. Oh, mon audace n'a pas duré longtemps : en moins de deux minutes, des flics à moto ont arrêté mon élan, sans doute bien décidés à me verbaliser. Mais je ne me suis pas démontée : très aimablement et avec force sourires et grands mots, j'ai expliqué que j'étais Clodette – l'un d'entre eux, je crois bien, m'avait reconnue –, que Claude m'attendait à Londres et que mon avion allait décoller sans moi si je ne reprenais pas immédiatement la route. Vous auriez vu ma tête quand le policier a décidé avec ses coéquipiers de m'escorter jusqu'à l'aéroport ! Deux motards devant, deux motards derrière, j'ai roulé jusqu'à destination... et j'ai attrapé mon avion ! Être Clodette rendait parfois service, avouons-le.

À Londres, où les filles avaient déjà commencé les répétitions sans moi, je me souviens d'avoir trouvé Claude particulièrement sombre et marqué. Entre ses habituels Guronsan et larmes de whisky avalés avant de monter sur scène, j'avais perçu dans son regard une grande détresse. Il avait le visage gris, les traits tirés. J'aurais sans doute oublié cet air vide s'il n'était mort quelques semaines plus tard, confirmant peut-être la sensation que j'avais alors perçue.

*

Le jour de sa mort, le 11 mars 1978, je me trouvais à Megève pour quelques jours avec ma mère. C'est en passant devant un surplus américain qui proposait toutes sortes d'accessoires militaires et où j'aimais flâner à la recherche d'une tenue originale ou d'une casquette camouflage que j'ai entendu, dans l'un des petits postes de radio vintage que vendait le gérant, la nouvelle de la disparition de Claude. J'ai reçu l'info comme un coup de poing en plein cœur et me suis précipitée chez le coiffeur où je savais que je trouverais ma mère. Elle avait la tête enfoncée sous un gros séchoir typique des années 1970 qui faisait une mise en plis parfaite quand j'ai fait irruption dans le salon en hurlant : « Claude est mort ! Claude est mort ! » Je me suis jetée dans ses bras en larmes.

Même si cette annonce brutale fut un coup dur, je crois que je n'ai pas été surprise. Sur les images de son dernier concert à Leysin, en Suisse, qui ont fait la une des journaux au lendemain de sa disparition, on devine un Claude à bout de forces, l'ombre de lui-même, comme ravagé par une tristesse infinie. Le même que celui que j'avais quitté à Londres un peu plus tôt. Éteint, marqué, le regard vide et soucieux, un Claude absent. Elles m'avaient énormément troublée, ces photos de lui. Ce n'était plus le même, il n'était déjà plus là.

*

Si Claude était un phénomène de son vivant, sa mort absurde a renforcé le mythe et l'engouement que sa carrière exceptionnelle avait déjà fait naître. Il possédait un charisme dingue, une aura incroyable. Partout où il allait, les gens se taisaient. Je crois qu'il est venu sur terre avec une sorte de mission, celle de rendre heureux le public. Tellement de fans souffrant de blessures d'enfance s'accrochaient à lui et lui vouaient une folle adoration, l'attendant des heures en bas de chez lui, dormant sur des bancs ou à même le sol… C'était leur dieu. En gala, il apportait du bonheur aux jeunes filles qui traversaient la France pour l'apercevoir deux minutes à peine. De son côté, il était porté par la ferveur des spectateurs et il a su donner une autre dimension à la scène française avec ses shows rodés à la perfection. Il disait d'ailleurs de son public auquel il tenait tant : « Il ne se trompe pas. Il vous aime parce qu'il sent que vous l'aimez. »

À Paris, ce jour-là, Claude François était attendu pour une émission télévisée présentée par Michel Drucker aux Studios des Buttes-Chaumont. La production ne s'est d'abord pas inquiétée de ne pas voir arriver l'artiste, connu pour ses retards systématiques et qui pouvaient aller jusqu'à deux heures. Lorsque l'annonce de son décès est tombée, c'est une onde de choc qui a frappé l'assistance, au point que de nombreuses émissions ont été

Alors que j'étais enfant, nous allions souvent déjeuner dans un restaurant qui se trouvait aux abords du bois de Boulogne.
Je devais avoir trois ans sur ce cliché qui a été pris là-bas.

C'est à Deauville, où je passais mes week-ends avec mes parents, que j'ai appris à faire de la voltige. Ce lieu existe toujours et c'est aujourd'hui à mon petit-fils que je fais découvrir les joies de l'équitation !

Ma mère était si belle qu'elle a été souvent photographiée par le célèbre studio Harcourt, qui réalisait essentiellement les portraits des grands artistes. Je me souviens d'avoir vu, en remontant les Champs-Élysées en voiture, une toile représentant ma mère exposée en vitrine.

Ma mère est ici avec son premier grand amour, le célèbre boxeur Georges Carpentier. Ensemble, ils ont eu un fils, décédé à l'âge de seize ans.

Souvenir de mes séjours linguistiques en Angleterre chez Mr. et Mrs. Simpson : premières boums, petits flirts et cœur qui palpite au rythme des fameux quarts d'heure américains où ce sont les filles qui invitent le garçon de leur choix à danser un slow. Inoubliable !

De nombreux photographes m'ont proposé de poser pour eux ; c'étaient surtout mes tenues qui retenaient leur attention. Celle-ci fait partie de mes « classiques » des années 1980 : kilt court et cuissardes emblématiques de l'époque.

Cette photo immortalise ma toute première soirée avec France Gall dans une boîte de nuit de Megève, j'avais seize ans. Immense artiste et icône de la chanson française, France est surtout devenue ma meilleure amie. Nos fous rires, nos confidences et nos mémorables virées en décapotable restent gravés à tout jamais dans mon cœur.

Séance photos dans les bureaux de Claude François pour les autographes avec la troupe des Clodettes : de gauche à droite, Peggy, Marion, Ketty, Pat, moi et Prisca.

Collection ChristopheL © Photothèque Lecœuvre

Souvenir d'une télévision après une tournée d'été : nous sommes tout bronzés ! Sur scène, les shows étaient deux fois plus rapides que lors des enregistrements d'émissions, pas toujours simple de tenir le rythme…

© Patrice Picot/Gamma Rapho

Le final d'un spectacle confinait à la folie : Claude, survolté, lançait sa chemise ou son peignoir que le public s'arrachait pour le garder précieusement en souvenir. Tout ce qu'il avait touché de ses mains comptait, même ses cotons de démaquillage !

Photo d'un moment de détente
en plein Festival de Cannes 1977
sur le toit d'un palace. Les deux garçons
de Claude, qui l'avaient rejoint
pour les vacances, jouaient près de nous
entre une interview et l'enregistrement
de la fameuse émission « Midi Première »,
tournée pour l'occasion sur un bateau.

Soirée avec toute la troupe dans
le night-club Chez Régine de Monte-Carlo.
Claude, pour une fois, est détendu !

Devant les camions de matériel de la troupe reconnaissables à leur immense logo, deux fans chanceuses prennent la pose : elles ont gagné une matinée en compagnie des Clodettes. Peggy, Marion, Pat et Prisca viennent de sortir de leurs voitures pour les rejoindre.

France-Soir — TÉLÉVISION

● Dimanche, à 20 h 30, « Musique and Music » sur A 2

Photo Claude Champinot

Pour Julie, Sandra, Carole, Jenny, Dany et Presca, c'est la grande aventure : elles chantent sans Claude François.

Les Clodettes ... sans Claude

Les Clodettes vont désormais vivre leur vie. Pour Julie, Sandra, Carole, Jenny, Dany et Prisca, si le temps de « Claude François et les Clodettes » n'est pas encore tout à fait révolu, le temps de l'indépendance vient pourtant de sonner. Elles ont entre 19 et 25 ans et derrière elles une moyenne de trois ans avec Clo-Clo. Mais maintenant elles chantent toutes seules. Sans lui... ou presque puisqu'il est le producteur.

« Il aime bien voir ce qu'on peut faire en dehors de lui... » disent-elles. [...] dimanche à 20 h 30 sur A 2 s'intitule « L'amour toujours l'amour » et est un produit typique pour les discothèques de l'été, sans prétention.

« C'est plutôt un refrain à faire danser dans les boites », avouent-elles.

Mais il n'est absolument pas question pour elles d'abandonner leur idole, même si leur disque marche très fort. Au mieux elles en feront un autre à la rentrée. En attendant elles continuent à mener le train d'enfer que leur impose leur infatigable patron. Il ne supporterait pas qu'elles [...]

DE BONNE SOURCE

■■ **Betty Beckers tournera pour la télé « Banlieue Sud-Est » d'après René Fallet, à Vileneuve - St-Georges dans la rue même où elle est née et où s'est déroulée son enfance. Egalement natifs de cette rue, le cinéaste Claude Sautet (Mado) et René Fallet lui-même.**

□□ Ça marche pour Philippe Rouleau. Ce soir, samedi, sur A. 2, pour la première fois après 10 ans, il retrouve son père Raymond qui l'a mis en scène dans « Un amour de jeu[...]se ». Lundi, i[...] trouver D[...]

« Les Clodettes… sans Claude » : quelques années après la mort du chanteur, nous avons souhaité faire plusieurs galas et enregistrer un CD pour continuer à le faire vivre, garder son image…

Ici, à l'Amnesia, notre deuxième bar à Ibiza, je suis dans une de mes tenues fétiches, contre Eduardo, l'homme que j'ai aimé plus que tout autre. Nous occupions une partie magnifique de cette boîte de nuit immense, où tous les jours la fête battait son plein jusqu'au petit matin.

Mon premier voyage sur l'île de Goa, un paradis inoubliable, un lieu magique. Nous vivions dans une grande maison en bord de plage. C'était la liberté totale.

Avec ma fille, âgée de quatre ou cinq ans, nous aimions nous rendre à Saint-Tropez où je louais chaque année une petite maison nichée dans la verdure ou juste derrière la plage. C'était encore un paradis paisible, dans les années 1990.

Je suis toujours partie régulièrement en week-end chez des amis ; ils étaient et sont encore ma famille. Sur cette photo, je suis chez une princesse qui vivait en Normandie. J'adorais ses chiens.

interrompues. Il paraît qu'aux Buttes-Chaumont les animateurs ont passé la journée, de studio en studio, à partager leur peine et à évoquer leurs souvenirs du chanteur.

Le public, abasourdi, les larmes aux yeux, était plongé dans un silence sidéral, tandis que le monde semblait suspendu.

Le lendemain, ma mère et moi sommes rentrées en train. Nous avons fait le voyage en couchettes première classe dont les wagons, alors, étaient magnifiques, tout en acajou. Dans notre compartiment, un lavabo était encastré dans un superbe meuble dissimulé derrière une porte en bois, deux lits aux draps fraîchement repassés et des serviettes de toilette blanches nous attendaient. Le service impeccable et le confort évoquaient celui d'un hôtel quatre étoiles ! C'était la première fois que je voyageais aussi confortablement. Le petit déjeuner qui nous a été servi à notre réveil était lui aussi digne des plus grands établissements. Mais mes pensées étaient ailleurs, mon esprit ressassait le souvenir de celui qui avait fait vibrer tant d'entre nous.

De retour à Paris, les événements se sont enchaînés rapidement. La troupe s'est rendue au domicile de Claude, où il était allongé sur son lit de mort. Le découvrir ainsi, sans vie et figé pour l'éternité, lui qui avait toujours débordé d'énergie, nous a fait un choc et une peine immense. Il paraissait si petit... Je me souviens d'avoir aperçu ses doigts meurtris par l'accident, violacés. J'avais du mal à comprendre ce qu'il se passait.

*

Quand est venu le jour de son enterrement, le mercredi suivant son décès, le large boulevard Exelmans, dans le 16ᵉ arrondissement, était noyé sous une véritable marée humaine. Les six ou sept limousines noires transportant les proches jusqu'à l'église d'Auteuil avaient même du mal à se frayer un chemin parmi l'assistance en larmes, dont les cris et les pleurs résonnent encore à mes oreilles. À l'intérieur de l'église comme à l'extérieur, partout, une foule immense était réunie. Autour de l'autel, je me tenais avec les autres Clodettes à gauche, en rangs devant le cercueil.

L'émotion était palpable, les fans, tétanisés de douleur.

Après la cérémonie, nous avons accompagné Claude jusqu'au cimetière de Dannemois, où il repose toujours. L'endroit est devenu un lieu de pèlerinage pour ses admirateurs, et à la date de sa disparition, le 11 mars, chaque année, des cars entiers déversant des fans de Belgique et de toute la France viennent y visiter le moulin racheté par le couple Lescure il y a plus de trente-cinq ans, et contempler la galerie d'objets personnels de

Claude – ses costumes de scène, notamment –, y déjeuner, assister aux shows avec sosie, se retrouver entre fans pour écouter les tubes du chanteur, avant de se recueillir sur sa tombe toujours richement fleurie, surmontée d'une statue érigée par ses inconditionnels.

Cet attachement indéfectible, quarante-six ans après la mort du chanteur, témoigne de la fidélité sans faille de ses admirateurs de tous âges. Personnellement, je préfère éviter les cimetières qui m'angoissent, et conserver l'image bien vivante d'un Claude survolté et souriant sur une scène. Il faut avouer que je garde un souvenir étrange d'un soir où, à la nuit tombée, me recueillant sur sa tombe – chose que j'ai rarement faite, je ne suis pas à l'aise dans les cimetières –, j'avais été surprise par un fan allongé à même le sol juste derrière la sépulture… Cette rencontre inattendue m'avait terrifiée.

*

Quelques années après la mort de Claude, au printemps 1982, une tournée d'hommage des Clodettes a été organisée. On a traversé la France et la Belgique, on est même allées au Liban. C'était juste après l'enterrement de ma mère et je me souviens que je n'avais pas trop le cœur à ça, mais Guy Huiban, l'organisateur de cette tournée, s'était déplacé jusque chez moi pour me dire que ça me ferait du bien de partir avec eux. Mon compagnon, Eduardo, m'avait accompagnée, et nous étions finalement quatre Clodettes à participer, dont mon amie Ketty Naval, en plus du staff.

Je dois dire que l'engouement et la passion du public m'ont redonné le goût de vivre. L'énergie de la foule et son admiration pour tout ce qui se rapprochait du chanteur trop tôt disparu étaient toujours aussi palpables, dans la salle comme à l'extérieur, où les fans nous réclamaient des autographes et hurlaient le prénom de leur idole après chaque show.

Cette tournée m'a ramenée des années plus tôt, quand, sur scène aux côtés de Cloclo, je tenais un rôle dans une aventure délicieuse et stupéfiante qui est devenue aussi légendaire que celui qui lui a donné vie.

Avant, pendant et après les galas, l'hystérie régnait parmi les fans, qui hurlaient à l'arrivée de sa voiture. Sur scène, des filles tentaient de s'approcher de Claude, s'accrochant à lui en pleurs et en criant son prénom, l'étouffant presque. Les videurs avaient du mal à les écarter, elles essayaient de lui arracher des morceaux de vêtements ou même de l'embrasser – ce qui pouvait le mettre de mauvaise humeur. Il m'est arrivé une fois qu'un homme, ivre, se jette sur moi, en plein concert à Maubeuge – l'un de nos pires concerts, ils étaient tous sous l'emprise de l'alcool, dans la salle. Un garde du corps a dû le repousser parce qu'il avait tenté de m'embrasser et de me faire tomber. C'était trop, mais tout cela faisait partie du spectacle. C'était de la folie pure !

Lorsque nous participions à des galas sous chapiteau, pour parcourir les cinquante mètres qui séparaient les loges de la scène, une rangée de policiers assurait notre sécurité. Même eux succombaient à la folie ambiante et tombaient sous le charme : ils nous faisaient signer des autographes. Il m'est arrivé une fois de signer sur le torse de l'un d'eux !

Un jour, alors que nous sortions de scène, des fans ont littéralement envahi la voiture comme des sauterelles dans le désert. Il y en avait partout. Sur le coffre, sur le capot, tout autour de nous. Moi j'étais à l'intérieur, avec Claude, nous étions bloqués, la voiture ne pouvait plus bouger d'un centimètre. De telles scènes, parfois effrayantes – on avait peur de blesser quelqu'un –, se produisaient chaque fois que nous ne pouvions sortir de la salle par une porte dérobée.

À Paris, à chacun de nos passages dans des émissions télévisées, les fans étaient si bien informés qu'ils savaient tout de notre emploi du temps et arrivaient toujours sur place avant nous. Et ils connaissaient chaque accès réservé aux artistes, à la Maison de la Radio, aux Studios des Buttes-Chaumont et partout ailleurs où nous apparaissions à la télévision. C'était particulièrement fou quand nous faisions les émissions de Michel Drucker, « Midi Première », celles du studio 102 de la Maison de la Radio, avec Guy Lux, ou de Maritie et Gilbert Carpentier ; des nuées de fans, partout, hurlaient et tentaient de nous apercevoir par tous les moyens. Comme dans ce « Midi Première », présenté par Danièle Gilbert à Palavas-les-Flots, où Claude, les filles et moi nous sommes retrouvés coincés au milieu de la foule qui tentait de nous arracher des strass de nos costumes et des mèches de cheveux. Cela en a fait une émission culte, car Claude, qui devait chanter au milieu du public, ne pouvait même pas se frayer un chemin. De nombreuses émissions étaient en direct, à l'époque, avec du public, qui hurlait dès que l'animateur annonçait notre arrivée, et dès les premières notes d'une chanson de Claude, les cris assourdissants couvraient alors la voix du chanteur… Mais sa renommée ne faisait qu'y gagner encore et encore.

Claude jouait de cette admiration que lui vouait son public passionné. Il était connu pour arriver en retard à ses concerts, qui commençaient toujours une heure au moins après l'heure officielle, le temps que la salle impatiente, survoltée, le réclame éperdument. Dès que la sirène retentissait et que le projecteur balayait la foule à toute vitesse, les cris commençaient à fuser. Ensuite, l'intro des musiciens, parfois longue de quinze minutes, dépendait entièrement de la disponibilité de Claude. Les hurlements étaient déjà bien lancés, et lorsque Claude faisait son entrée dans son habit de lumière, les acclamations du public redoublaient. Grisant.

Notre arrivée sur scène avait aussi ses coutumes bien étudiées par Claude dans une sorte de rituel. Il nous présentait au micro une par une, et nous faisions notre entrée au fur et à mesure, avant d'entamer toujours la première chanson, *Stop au nom de l'amour*. Entre chaque chanson, nous courions jusqu'aux loges nous changer rapidement et revenir sur scène pour la chanson suivante. Il fallait faire vite ! L'hiver, lorsque nous devions courir dans l'herbe, nos talons s'enfonçaient dans la terre avant d'atteindre les caravanes transformées en loges. C'était une véritable course folle sous les yeux des policiers en uniforme, étonnés de nous découvrir à moitié dévêtues, nous dépêchant de nous changer pour ne pas attraper froid ! Nous étions soulagées lorsque nous jouions dans de grandes salles dans les grandes villes, avec des loges confortables juste derrière la scène.

Le finale s'apparentait à un feu d'artifice de ballons colorés et de confettis lancés sur le public dans une ambiance électrique ! Au rythme d'une musique assourdissante, des appels et des cris qui ne se relâchaient jamais, Claude revenait vêtu d'un pantalon et d'un peignoir, dansant et faisant le grand écart pendant une demi-heure. Ensuite, il enlevait son peignoir couvert de sueur et le jetait dans le public. Il lui arrivait d'ôter sa chemise et de la lancer dans la foule, provoquant immanquablement une véritable émeute. Les habitués savaient d'ailleurs toujours où se placer dans la salle pour repartir avec un morceau de son costume, un morceau de lui, en souvenir ; certains n'hésitaient pas à tirer sur ses manches lorsqu'il tendait les bras vers le public. Une équipe de secours, quant à elle, était sur place pour parer aux évanouissements et malaises qui survenaient parmi les fans.

À la fin des shows, la foule attendait Claude à l'extérieur. Ceux qui n'avaient pas pu assister au concert faute de moyens étaient là aussi, espérant apercevoir leur idole et la suivre jusqu'au restaurant ou à son hôtel. Il faut dire que des petits groupes d'habituées savaient où nous allions dîner et nous attendaient souvent devant le restaurant dès notre arrivée. Même chose devant chez Claude ou devant ses bureaux du boulevard Exelmans. Quand il ne prenait pas la sortie habituelle, on voyait Claude monter dans sa voiture, rouler lentement avec la fenêtre ouverte et le bras dehors… Ce petit jeu ne loupait jamais, les filles s'accrochaient à sa voiture ou à son bras aussi loin que la circulation le leur permettait.

Ce n'est pas compliqué : les fans étaient là tout le temps et partout, informés du planning de tous les concerts durant l'hiver, et de la tournée estivale dans ses moindres détails. Ils se rencardaient auprès des jeunes filles du bureau de Claude… elles-mêmes fans du chanteur et toujours prêtes à partager leurs infos. Claude, lui, entretenait cette relation, se réjouissant de retrouver ses fidèles fans qui le rassuraient et couvraient leur idole d'un amour indéfectible. Ses admirateurs faisaient pleinement partie de son existence. Ils étaient devenus comme sa raison de vivre.

Claude est d'ailleurs celui qui a suscité et continue de susciter le plus grand nombre de fans. À jamais. Surtout qu'il compte à son actif quatre générations de véritables passionnés. Et les clubs de fans sont encore nombreux – certains dénombrant jusqu'à trente-deux mille adhérents ! Ils sont fidèles et forment avec nous encore aujourd'hui une grande famille. Près de cinquante ans après sa mort, Cloclo est resté un grand monsieur de la chanson française. Un sphinx, une icône.

Fuir le bonheur

Mes années dans la troupe, succession de tournées flamboyantes à cent à l'heure ponctuées de fêtes démesurées et de rencontres inédites, restent marquées du sceau de mes histoires d'amour de jeunesse. De ces histoires qui vous font tourner la tête autant qu'elles vous plongent dans le désespoir.

À quinze ans, je tombais amoureuse tous les quinze jours – je recevais des lettres d'amour magnifiques de garçons de ma classe que j'ai toutes conservées –, à vingt ou vingt-cinq ans, j'ai souvent fréquenté deux hommes à la fois : ils comblaient l'ensemble de mes facettes. Il y en avait toujours un bien propre sur lui, BCBG et qui rentrait dans les cases, et un autre un peu cow-boy, rock'n'roll, frondeur et plus drôle. Des voyous qui me semblaient si libres, fantaisistes et insensés ! Mais des voyous plutôt gentils, bien élevés, et qui m'ont le plus souvent traitée avec respect. Avec eux, je me sentais protégée.

Souvent, je sortais avec l'un tout en étant amoureuse de l'autre. Rien n'avait plus d'importance à mes yeux que ces jeux de séduction qui me faisaient vibrer. Entourée de garçons, je dansais, je m'éclatais. Pourquoi penser au lendemain ? Jeune, heureuse de me trouver hors cadre et en quête de mon identité, j'étais libre.

Loin d'être une croqueuse d'hommes – je n'ai jamais été très portée sur le sexe et beaucoup de mes histoires sont restées platoniques pour garder cette magie des débuts –, j'aimais le regard que posait sur moi un homme amoureux et l'envie de croire en l'amour était plus forte que tout. Les choses ont changé plus tard. Je me suis méfiée, j'ai trop souffert, et fini par me protéger des hommes. Enfin… j'ai tenté de m'en protéger.

Trois fois dans ma vie de Clodette j'ai refusé des demandes en mariage. Et trois fois venant d'hommes célèbres – dont l'illustre Bob Mimran, une figure de Saint-Tropez qui avait toutes les filles à ses pieds mais qui ne me faisait ni chaud ni froid – qui m'auraient mise à l'abri du besoin pour la vie. Non seulement je n'étais pas amoureuse de ces garçons, mais la fortune ne m'a jamais fait tourner la tête. Ce que je voulais, c'était ma *li-ber-té*.

*

Je garde un souvenir ému de ma rencontre avec Jean-Marie Périer. Il était fraîchement séparé de Françoise Hardy, dont tout le monde sait que le jeune photographe était fou d'amour. Il est d'ailleurs resté proche toute sa vie de la « grande Françoise », comme il l'appelait. Jean-Marie était profondément malheureux, quand on a fait connaissance ; j'avais à peine vingt-deux ans, lui avait déjà passé la barre des trente.

Il partait pour quelques mois aux États-Unis où il avait décroché un gros contrat et devait aussi rencontrer David Bowie. Il voulait me présenter à son amie Sylvia Kristel, la célèbre mannequin et actrice connue pour son rôle d'Emmanuelle dans les films du même nom. Notre histoire s'est arrêtée au moment où il m'a demandé de venir avec lui… Je ne sais pas pourquoi j'ai refusé, alors qu'il m'aurait plu de vivre six mois à New York auprès de lui. À vrai dire, je suis passée à côté de bien des choses incroyables qui se présentaient par peur de perdre cette fameuse liberté ou de trop m'attacher. J'ai longtemps eu besoin de dire non dans le seul but de me protéger. Mais à force, peut-être est-ce du bonheur que je me suis privée. Je ne sais toujours pas.

Sur le moment, j'ai surtout refusé pour préserver ma carrière de Clodette. Et parce que je pensais avoir toute la vie devant moi pour m'installer avec un homme !

Je l'adore toujours, Jean-Marie. En particulier pour son côté borderline et décalé. L'humour décapant de cet homme très attachant me faisait hurler de rire. C'est d'ailleurs ce qui me plaît le plus chez un homme : qu'il me fasse rire. Avec lui, j'étais servie ! J'admirais aussi beaucoup le lien spécial qu'il entretenait avec la musique. Dans son grand duplex de la rue Saint-Honoré, on montait écouter de la musique dans une pièce où il avait installé deux baffles énormes ; je revois encore ses mains qui gesticulaient au rythme de chaque accord de guitare. À droite, à gauche, en haut ou en bas... comme un chef d'orchestre galvanisé par les notes dirigeant ses musiciens.

Ma fille, que Jean-Marie a croisée plusieurs fois, s'étonne toujours que je ne l'aie pas suivi aux États-Unis : ça les fait sourire, aujourd'hui, lorsqu'ils évoquent cette histoire. J'étais quand même une sacrée tête de mule à vouloir préserver mon indépendance à tout prix...

*

Morris Albert, le célèbre compositeur et interprète brésilien du mythique slow *Feelings* sur lequel nous nous sommes toutes abandonnées dans les bras d'un amoureux, m'a fait, lui, une vraie demande en mariage.

Si depuis l'école, j'ai toujours reçu des mots d'amour et des poèmes que je conserve précieusement, les siens sont venus compléter cette collection avec des télégrammes enflammés !

Un soir de l'été 1975, j'étais avec la troupe au studio 102 de la Maison de la Radio pour l'enregistrement de l'émission de Guy Lux « Ring Parade », où Claude, notamment, chantait. Il y avait là toutes les stars incontournables du moment : Joe Dassin, Sheila, Christophe, Daniel Guichard, Michel Delpech… Mais aussi – surtout ! – Morris Albert, venu interpréter *Feelings*, titre qui volait la vedette à Claude en caracolant à la première place du Top 50 depuis plusieurs semaines et le faisait enrager, car Claude détestait ne pas être premier.

Avant le début de l'émission, alors que je me trouvais au maquillage, la porte de ma loge grande ouverte, je voyais que Morris me dévisageait. Il allait et venait dans le couloir et avait l'air de ne pas savoir comment m'approcher. Finalement, son regard de braise s'est posé sur ma minuscule alliance et il m'a lancé timidement, comme navré : « Vous êtes mariée… » Sans réfléchir, et parce que cet anneau était celui que France m'avait offert – on portait toutes les deux le même –, je lui ai répondu qu'il se trompait. Un sourire ravageur a alors fait pétiller ses yeux coquins… J'aurais peut-être mieux fait de mentir : il ne lui en fallut pas plus pour tenter de me conquérir par tous les moyens !

Jusqu'à la fin de l'émission, il n'a cessé de me dévisager et de m'adresser des regards langoureux. Alors qu'il interprétait son titre, pendant les répétitions, ses yeux ne m'ont pas quittée. J'avais l'impression qu'il ne chantait cette chanson d'amour romantique que pour moi. Jamais je n'oublierai le moment unique, et si furtif, où tout s'efface autour de vous, où plus rien d'autre n'existe que le présent.

En gentleman respectueux, il prenait soin de regarder dans la direction des Clodettes, mais tout le monde a compris que c'était moi qu'il dévorait du regard. Les filles étaient mortes de rire parce que l'attachée de presse de Morris n'arrêtait pas de répéter, en coulisses : « Ça y est, il est amoureux. » Il devait être coutumier du fait, mais nous, nous assistions à un coup de foudre en direct sur le plateau. Ce qui n'était pas pour me déplaire : il était séduisant et semblait doux et gentil.

En quittant le studio, l'ambiance était électrique. Tout le staff de Morris Albert s'est mis à reprendre en chœur *I'm Not in Love*. Le groupe britannique 10cc venait de jouer sur le plateau ce succès de l'époque… Il semblait bien y avoir de l'amour dans l'air.

Nous devions partir le lendemain pour une tournée avec Claude dans toute la France, et Morris, rentrer au Brésil ; j'étais sûre qu'il allait oublier aussitôt son coup de cœur pour moi. Il n'en fut rien ! À 4 heures du matin, me voilà réveillée par la concierge : « Morris Albert vous attend au téléphone, dans ma loge, mademoiselle. » Je n'avais pas le téléphone dans mon appartement de la rue de l'Assomption où je venais juste d'emménager. Waouh ! Je n'en revenais pas. Et après l'avoir entendu me déclarer sa flamme au bout du fil – j'étais la femme de sa vie –, encore moins.

Ensuite, il n'a pas arrêté de m'envoyer des fleurs sublimes, des télégrammes. Chaque matin, chaque soir, une lettre enflammée ou un bouquet spectaculaire m'attendait à la maison. Jusqu'au jour où il a carrément annoncé *via* un télégramme… son arrivée à Cannes, où je descendais avec la troupe : il laissait tout en plan au Brésil pour venir me retrouver. À Cannes, quand l'équipe a su que Morris débarquait, tout le monde est descendu dans l'immense hall du palace. Les garçons, surtout, surexcités, ne tenaient pas en place : ils ont fait tout un cirque autour de cette histoire ! Il faut dire que Morris était une star internationale. À peine avait-il mis le pied sur le marbre rutilant du Martinez que les notes de *Feelings* ont retenti ; la troupe entière s'est mise à chanter son tube en se moquant gentiment de moi ! Claude, lui, était furieux. Et jaloux que l'attention des siens se porte sur un autre que lui. Peut-être aussi parce qu'il avait senti avant moi ce que Morris avait en tête : il ne venait pas me voir, non, il venait me chercher.

Il arrivait à Claude de chanter dos au public quand il avait été agacé par quelque chose : un faux pas, une fausse note. Grand musicien, il voyait tout et entendait tout. Ce soir-là, sur la scène du théâtre de verdure, à Nice, il s'est tourné vers moi avant les premières notes et a entonné les premières notes de *Feelings* pour me témoigner de sa colère… dos au public !

Le lendemain, après un dîner très agréable dans un super restaurant, où Morris s'était montré gentil bien qu'un peu trop entreprenant à mon goût, ce dernier a appelé sa mère pour que je parle avec elle. Il lui avait annoncé qu'il allait m'épouser et il voulait qu'elle me convainque, là, tout de suite de quitter la tournée et de venir m'installer avec lui au Brésil. Mais non ! C'était hors de question.

Ainsi, notre histoire s'est arrêtée avant même d'avoir commencé. Quarante-huit heures plus tard, Morris rentrait chez lui et les lettres d'amour ont cessé. Moi, je me suis fait charrier tout au long de la tournée ! Les musiciens chantaient *Feelings* dès qu'ils me voyaient ; c'était devenu une blague entre nous. Et avec Claude.

*

J'ai toujours aimé le regard que portaient les hommes sur moi. Je me sentais belle dans leurs yeux et vivante dans leurs bras. Pourtant, tous ceux qui ont traversé ma route ont fini par me causer de la peine, du désespoir, de l'amertume. Pas un n'a su me retenir. Devinant ma fragilité, touchés par ma fraîcheur – je n'étais pas vénale ni attirée par leur popularité, je les aimais sans arrière-pensée –, ils roulaient des mécaniques et me protégeaient physiquement, mais jamais émotionnellement. Ils m'ont parfois même brisée.

Le soir de l'enregistrement de l'émission de Guy Lux au fameux studio 102 de la Maison de la radio, le chanteur Christophe était invité lui aussi. Nous avions fait connaissance quelques semaines auparavant et étions plus ou moins ensemble. Ce qui explique pourquoi l'attitude de Morris avait suscité pas mal d'émoi au sein de la troupe : devant l'empressement du beau Brésilien, tous s'étaient demandé comment j'allais faire pour gérer les deux amoureux sur le même plateau !

Christophe et moi, nous avons partagé deux ans d'une très belle histoire, une relation intime puissante comme peu l'ont été dans mon existence. Nos corps s'attiraient. Nos peaux se réclamaient. Nous ne nous voyions qu'occasionnellement, restions discrets – son cœur était déjà pris –, passant nos nuits au studio d'enregistrement ou chez moi dès que nous en avions l'occasion.

Je me souviens de la nuit où il m'a appelée vers minuit pour me dire, comme à son habitude, « J'arrive ! », et où je l'ai attendu jusqu'au petit matin… Je pensais qu'il venait d'un de ses concerts, pas très loin, alors qu'il avait fait la route depuis Bruxelles juste pour le plaisir de passer quelques heures avec moi.

Ce souvenir est à l'image de l'homme : très doux, décalé, généreux, passionné. Il avait un talent exceptionnel et il a su, en tant qu'artiste, se réinventer mille fois.

Quand il passait la nuit chez moi, rue de l'Assomption, il n'avait jamais d'argent sur lui. Un matin, je lui ai même donné cinquante francs pour qu'il fasse le plein d'essence de… sa Rolls-Royce garée en bas ! Fou de voitures, il était connu pour ses goûts pointus en matière d'automobiles anciennes ; il avait même une Cadillac rose.

Après ces deux années en pointillé d'une histoire vraiment tendre, notre relation a pris une jolie tournure avec le temps, et nous sommes restés complices. Jusqu'à la fin de sa vie, nous aimions passer ensemble des heures au téléphone et Christophe ne m'a jamais oubliée.

*

Une autre histoire d'amour reste au cœur de mes souvenirs de Clodette et des virées dans les boîtes de nuit à la mode, de Paris à Saint-Tropez. Un homme auprès duquel je n'ai pas touché terre pendant plusieurs années.

J'étais jeune, encore pleine d'illusions sur le couple et sur l'amour. J'avais quitté Norblain du jour au lendemain, pour me protéger de son alcoolisme autant que de sa possessivité ; mon nouvel amoureux – dont je tairai le nom –, lui, était intelligent et très drôle. Si j'étais très amoureuse, il a un peu payé la souffrance que j'avais endurée avec Norblain, parce que c'est avec lui que j'ai commencé à être violente envers les hommes. En l'occurrence, j'agissais à l'exact opposé de ce qu'il attendait d'une femme et n'étais pas du tout le genre de fille qu'il recherchait. Mais de mon côté, je l'avais dans la peau.

À Megève l'hiver et à Saint-Tropez l'été, où notre bande de copains se retrouvait pour faire la fête, on s'offrait les meilleures tables tous les soirs. Le cliché parfait de la jeunesse dorée ! À Paris, pareil : nos repas étaient des fêtes régulières à douze ou quinze personnes, inséparables et bien allumées. Avec ces tronches à l'humour cynique, on ne s'ennuyait jamais. Nous allions chez Castel, où les membres du showbiz aimaient se réfugier jusqu'au petit matin. Le lendemain, nous nous retrouvions pour le déjeuner au Stella, dont le patron nous avait surnommés affectueusement les « avions », parce qu'on arrivait en escadrons de dix, la tête un peu à l'envers et sur pilote automatique ! Cette histoire d'amour a tenu deux ans. Une autre fille de la bande, de bonne famille, a tapé dans l'œil de mon amant, ce qui a suffi à y mettre fin. Il est vrai que moi, Clodette excentrique et insatiable, je ne rentrais pas toujours dans les codes des mondains avec qui je traînais. Je ne faisais pas partie du même monde. Mon beau-père avait beau fréquenter les lieux chics, changer de bolide tous les trois mois, avoir sa table au Fouquet's et emmener sa belle-fille à la Maison du caviar ou dans un palace d'Évian, ça ne faisait pas de moi une bourgeoise bonne à marier.

Qui plus est, l'idée d'épouser une Clodette avait sans doute été impossible à faire entendre aux parents de ce jeune homme de bonne famille. Il a donc préféré une fille de médecin bien sous tous rapports. En outre, à ses yeux, j'étais ingérable ! Je crois qu'on savait tous les deux que c'était mieux pour lui et que sa nouvelle amoureuse serait la femme de sa vie. Un lien intense semblait relier ces deux êtres, c'était une évidence.

Donc, on s'est séparés. J'ai eu le cœur brisé. D'autant que j'étais enceinte de lui. Dans un petit mot glissé sur le pare-brise de ma voiture devant le Fouquet's où il savait que je déjeunais régulièrement, il m'a priée d'avorter.

*

Défaite, complètement perdue, pour réfléchir, j'ai choisi cette fois de traverser l'Atlantique et de rejoindre à New York Nicolas R., l'un de mes amours platoniques, auprès de qui j'allais trouver du réconfort. Là-bas j'ai eu le plaisir de dîner chez Rudolf Noureev, le célèbre danseur, qui habitait dans un immeuble au dernier étage avec un monte-charge en guise d'ascenseur et une vue sur les toits de New York. C'était extraordinaire, quand j'y pense, de pouvoir rencontrer une telle légende du ballet. Je le revois sur le seuil de son penthouse, longiligne et droit comme un I, le port de tête altier et le regard pensif, enroulé dans sa grande étole. À l'image du personnage de diva baroque qu'il s'était créé, il était sensuel et élégant, il respirait la danse.

Mais ni Noureev ni Nicolas n'ont suffi à me retenir là-bas. J'avais la bougeotte de ceux qui cherchent à oublier. Et deux semaines après mon arrivée, sur un coup de tête et en pleine nuit, je me suis envolée pour Los Angeles. Là-bas, j'ai squatté quelque temps chez un couple d'amis. Lui, producteur, et elle, journaliste, faisaient tout pour me changer les idées. Ils me sortaient chaque soir dans un lieu différent. Et moi je continuais à faire n'importe quoi pour oublier mon amant perdu, me vider la tête et ne surtout pas réfléchir à ce que je vivais et à cette décision qu'il me faudrait prendre avant qu'il ne soit trop tard.

À Los Angeles, j'ai rencontré Richard Gere, qui dînait un soir à la table voisine de la nôtre, et même discuté avec l'acteur Charles Bronson qui m'a fait un drôle d'effet avec son apparence d'homme de cire ! Raide comme un piquet, il bougeait à peine la tête quand il prenait – peu – la parole de peur de se faire mitrailler par les photographes dans une attitude qui ne le mettrait pas à son avantage.

De retour à Paris, j'ai fini par accepter cet avortement qui devenait risqué : enceinte de trois mois, je me suis fait sermonner par mon médecin… Finalement, il me fallut six mois pour me remettre de ce drame. Mais je me console aujourd'hui en pensant que c'était un mal pour un bien : mon ex-compagnon et son épouse ont eu de nombreux enfants et forment toujours un couple heureux quarante ans plus tard…

*

Les hommes de ma vie, au fond, je n'ai su ni les aimer ni les garder. Je les cherchais, les titillais, ne savais qu'être brutale. Odieuse, jamais contente, je faisais la gueule, un peu comme si j'avais voulu leur faire payer le chagrin qu'avait connu ma mère et ses propres déboires successifs. Or, c'est à moi que j'ai fait le plus de mal. C'est moi, finalement, que j'ai privée d'amour. Je n'ai pas su m'y prendre pour être heureuse.

Goa et ses paradis artificiels

La drogue a fait une entrée fracassante dans ma vie autour de mes vingt-deux ans. Jusque-là, j'avais réussi tant bien que mal à me garder des excès du milieu que je côtoyais et à ne consommer que de façon festive la poudre blanche qui circulait régulièrement dans les lieux chics que je fréquentais. Pour être au top de mes facultés, ne pas décevoir Claude et me montrer à la hauteur du défi physique que représentait la carrière de Clodette, tomber dans la drogue était ce qui pouvait m'arriver de pire.

J'avais fait une mauvaise expérience deux ans auparavant qui m'avait servi de leçon. On ne m'y reprendrait pas de sitôt. C'étaient un ami médecin et sa femme qui m'avaient dit : « Essaie, tu vas voir, c'est super ! » Je m'étais laissée embarquer dans leur délire et j'avais fait une overdose. Ce jour-là, j'avais bien failli y passer. Par chance, ce médecin avait su quoi faire pour que je ne m'endorme pas. Mais je m'étais réveillée je ne sais combien d'heures plus tard, traumatisée, et Eduardo en larmes à coté de moi.

La dope, je n'en avais pas besoin pour m'éclater. Je sortais tous les soirs et me sentais de plus en plus à l'aise partout où j'allais. On finissait par me reconnaître, je rentrais dans tous les endroits branchés de la capitale. Je m'y sentais chez moi : je connaissais tout le monde et tout le monde me connaissait, ce qui me plaisait. Je m'intégrais dans tous les milieux, discutant et m'amusant aussi bien avec les artistes, les voyous, les princesses que les intellos. Tout cela en demeurant timide et réservée, ce qui me protégeait comme une carapace. En fait, j'y allais pour m'amuser, danser et profiter pleinement de l'instant présent. Rien d'autre.

*

Mais tout a commencé à vriller lors d'une soirée où des amis rentraient d'Asie avec un large éventail de drogues. J'ai succombé. Un certain Jean-Claude m'a proposé, au beau milieu de la nuit et alors qu'on était un peu défoncés, de l'accompagner à Goa. Sur un coup de tête, on a attrapé un avion quelques jours plus tard. Bye bye Claude François, la télé, les galas, la scène et la troupe. Un bel exemple de mon insouciance et de mon incapacité à tenir en place.

Rien n'a plus compté alors que l'amour et la fête. Rien n'a été plus cher à mon cœur que de me sentir aimée. Un coup de foudre m'a suffi pour suivre un homme à l'autre bout du monde.

Ensemble, nous avons d'abord fait étape à Bombay, au Taj Mahal, un palace au décor éblouissant. Mais Jean-Claude m'a entraînée aussi dans les bas-fonds insalubres de la ville à la découverte des fumeries d'opium. Étendus sur des nattes ou à même le sol dans un état second, une pipe au bord des lèvres et leur matériel disposé autour d'eux, les consommateurs, des Hindous surtout, noyaient leur ennui ou leur chagrin dans une épaisse fumée à l'odeur étrange. Les yeux vides, mi-clos, souvent dans un silence de mort, le corps ultra-maigre entouré d'un simple linge blanc noué à la taille, ils semblaient ailleurs, égarés dans leurs pensées. La seule odeur de la fumée qui noyait les ruelles retournait le cerveau, tandis que les couleurs féeriques des bracelets par centaines qui brillaient au soleil, pendus devant les petites échoppes, donnaient à nos balades un air de fête et de magie.

Je savourais le côté interdit de ces découvertes sans mesurer le risque. Je commençais à me sentir très bien, légère et au seuil d'un état second qui me séduisait de plus en plus, mélange de bien-être et de danger, que cet univers où tout était doux, beau et coloré renforçait. Je ne sentais plus mon corps et ma tête était au repos. Il faisait chaud, les femmes vêtues de longhis aux couleurs vives étaient toutes ravissantes et souriantes. Je me croyais au paradis.

*

C'est en bateau que nous avons rejoint Goa. Là-bas, une maison immense, décorée de tissus multicolores et louée pour quelques centaines de francs, nous attendait. L'île, encore peu connue à l'époque, n'était pas à la mode et seuls quelques hippies y vivaient ou venaient y passer quelques semaines de vacances.

L'eau du puits nous servait de douche, les toilettes étaient dans un cabanon en bambou au fond du jardin. Autour vivaient en liberté des cochons, des vaches et des poules, animaux sacrés en Inde. Pieds nus, à peine vêtus de longhis brodés de fils d'or que nous achetions au marché de Mapsa où nous nous rendions plusieurs fois par jour, cheveux au vent, nous allions à moto à la plage d'Anjuna. Là, au bord de l'eau, des bicoques en bois – des *shy shops* – passaient de la super musique et servaient du thé ou du lassi, boisson à base de lait fermenté et de fruits que j'adorais. Des chaînes à la cheville, un bracelet de turquoises au poignet, la peau bronzée : il ne m'a pas fallu longtemps pour me fondre dans le décor et adopter ce lieu paisible, où seuls les mugissements des vaches et la mer relayaient le son de la musique que nous écoutions du matin au soir. Aujourd'hui, il me suffit d'entendre les premières notes de *Carry On*, le titre de Crosby, Stills, Nash and Young, groupe légendaire de l'époque, pour me retrouver avec mes copains hippies autour d'un feu de camp sur le sable d'Anjuna !

Chaque soir au coucher du soleil, sur la plage, un sikh aux longs cheveux couverts d'un magnifique turban préparait une énorme pipe, moitié tabac, moitié herbe, qu'on fumait à tour de rôle étendus sur le sable. Quand cette grosse chicha était prête, il criait très fort « *Boom Shankar* », célèbre expression invitant les dieux à venir savourer les plaisirs du haschich, et tout le monde déboulait. Des personnes différentes apparaissaient chaque jour qui, chacune leur tour, avaient le droit d'allumer la pipe. Il fallait une allumette immense et au moins quinze minutes avant que le mélange prenne feu. La pipe devait mesurer trente ou quarante centimètres ; une taffe et tu tombais raide direct ! J'ai essayé une seule fois mais j'ai compris au bout de trois minutes : c'était bien trop fort pour moi.

*

Les paradis artificiels qui ont fleuri dans cette région du monde au cours des années 1970 n'ont rien d'une légende : Goa était un rendez-vous mythique des hippies en quête d'extase. Les pipes d'herbe que nous partagions au coucher du soleil, les pieds glissés sous le sable encore chaud de la plage, et les gouttes de LSD qu'un hindou nous donnait à tour de rôle sur la langue, à l'occasion de certaines soirées spéciales qui avaient lieu une fois par semaine, rendaient ces instants festifs et joyeux. Mais mine de rien, en mettant de la poudre dans mes cigarettes, je fumais de l'héro tous les jours. Et j'ai basculé.

J'ai toujours eu du mal à me sentir vraiment à l'aise au milieu des gens. Même parmi cinquante personnes, j'étais habitée par une immense solitude – et ce sentiment n'a fait que croître avec le temps. Mais quand je fumais, comme par magie, cette solitude s'estompait et je rentrais dans une sorte de jeu : je passais d'une conversation à une autre avec légèreté et assurance, et j'avais la sensation de partager quelque chose durant quelques heures. Dès que l'effet retombait, je me retrouvais à nouveau seule, isolée dans mon monde, mais c'était grisant. Et dangereux.

J'ai découvert ce que c'était de planer. Avec la tête au calme et le corps qui suivait le tempo de la musique ou des conversations. Il faut dire que Goa, même sans qu'on soit sous l'emprise de quoi que ce soit, était un paradis sur terre. Son mode de vie baba cool, ses paysages de carte postale, sa lumière, ses couleurs, sa végétation luxuriante et sa terre rouge étaient une invitation à la douceur de vivre et à la beauté.

Cette invitation à l'amour, au lâcher-prise et au vertige des plaisirs psychédéliques a duré deux mois, entre plages de palmiers et rizières à perte de vue. Deux mois de défonce qui m'ont libérée de mes angoisses et m'ont offert un peu de répit, mais qui ont aussi fait de moi une accro : le goût des paradis artificiels ne m'a plus jamais quittée – même si j'ai toujours tenu à me faire suivre par un médecin chaque semaine pour ne pas sombrer définitivement.

*

Je suis rentrée seule de Goa, coupant court à ma relation avec Jean-Claude. Je ne l'aimais plus autant que j'avais voulu le croire, et j'avais peur de ne pouvoir jamais redescendre sur terre. Finalement, la boucle était bouclée : j'étais partie et rentrée sur un coup de tête. Deux décisions un peu comme tout ce que j'ai fait dans ma vie : sur le fil. Entre tomber et me relever, j'avais choisi à nouveau de me relever. Mais je regagnais Paris seule et sans travail, ce n'était pas très réjouissant.

Claude François – qui ne tolérait aucun retard ni n'autorisait quiconque à prendre des vacances pendant les tournées – ne risquait pas de me réengager dans la troupe après une fugue de plusieurs semaines. Et pourtant… Son secrétariat m'a appelée en me donnant rendez-vous pour une télé quelques jours plus tard ! Claude comptait sur moi, j'allais pouvoir reprendre ma place et les répétitions, les galas, les tournées. Quelle aubaine !

Une petite nouvelle avait rejoint la troupe en mon absence, Sandra, une jeune Haïtienne que Claude avait connue en tournée à Port-au-Prince. Ce vent de fraîcheur donnait à la troupe une ambiance joyeuse et, heureuse de retrouver la scène, j'ai mis un frein à mes écarts, condition *sine qua non* pour tenir le rythme de travail effréné que le chanteur nous imposait. J'ignorais que la drogue allait me rattraper avec le décès de ma mère.

*

Lorsque j'ai choisi de quitter définitivement Claude en 1978, pensant avoir fait le tour de la question et portée par le désir de passer à autre chose, je n'imaginais pas que ne plus ressentir l'euphorie de la scène me manquerait autant. Cette adrénaline qui coule dans les veines et galvanise face au public disparaît dès que l'on rejoint les coulisses, et elle ne revient jamais si l'on ne se produit plus en spectacle…

L'exaltation était si forte que je pouvais danser en transe deux heures durant sur des rythmes frénétiques malgré les échasses que nous portions sans jamais ressentir ni douleur ni fatigue. Après les spectacles, je pouvais même virevolter sur la piste de danse des night-clubs jusqu'au lever du soleil. Mais une fois ce tourbillon arrêté, ma vie n'a plus eu la même saveur, la même intensité. Et j'ai plongé.

Je m'en veux de ne pas avoir vu ma mère partir. Sous l'effet de l'héro, mon cerveau flottait dans un état second. J'étais comme anesthésiée. Et puis j'étais très amoureuse, donc peu disponible. Eduardo – dont je vais bientôt parler – et moi, nous vivions alors une folle passion.

J'allais rendre visite à ma mère chaque jour à l'hôpital, mais son médecin n'a jamais voulu me recevoir et rien ne pouvait me laisser prévoir un décès aussi rapide. Si ses examens étaient bons, je n'ai su que bien plus tard, après de multiples recherches, que ses os étaient atteints. Comme son fils Jean-Claude, elle est partie d'un cancer de la moelle épinière.

Et jamais je n'ai pu rattraper le temps perdu.

Le temps du rapprochement

Ma carrière de Clodette, je l'ai dit, a transformé mes rapports avec ma mère. Depuis que je m'étais fait une petite place dans la sphère médiatique et que les gens me reconnaissaient dans la rue, elle avait opéré une sorte de rapprochement vis-à-vis de moi qui avait changé la nature de nos relations. Plutôt que d'être indifférente à mon égard comme avant, elle s'était mise à vivre par procuration ma vie, mes soirées, mes sorties. Elle était heureuse pour moi.

Je pense que mon départ de chez elle, un an à peine après mes débuts sur scène, l'avait profondément marquée, et que se retrouver sans sa fille avait été une blessure – même si elle n'en a jamais rien voulu montrer. J'étais jeune et belle, toujours bien entourée, projetée en pleine lumière alors qu'elle-même vivait seule, mon beau-père étant moins présent.

Tout à coup, une révolution s'est faite entre nous : plus de critiques acerbes ou de jugements à l'emporte-pièce sur mes amours ou mes tenues, plus de rancœur. Place aux confidences autour d'une tasse de thé ou au téléphone, parfois cinq fois par jour. Loin de moi, elle avait désormais besoin de tout savoir de ma vie pour nourrir la sienne.

Pendant sept ans, c'est-à-dire jusqu'à sa disparition, je lui ai fait quotidiennement le compte rendu détaillé de mon emploi du temps, de mes sorties, de mes rencontres. Elle me questionnait, voulait connaître mes projets. Elle n'ignorait pas que je fréquentais des voyous et que je sortais beaucoup, mais n'a jamais cherché à savoir quoi que ce soit sur ma dépendance. Le sujet était tabou à l'époque, et dans son milieu encore plus. Se doutait-elle seulement de quoi que ce soit ?

Sans jamais livrer de détails sur sa propre existence, elle insistait pour tout connaître de la mienne. Et je me prêtais volontiers au jeu puisqu'ainsi nous nous rapprochions un peu. Finalement, j'en avais autant besoin qu'elle, de ces nombreux coups de fil quotidiens. Elle avait réussi à me rendre si dépendante que chaque pull que je m'offrais, chaque minuscule anecdote que je vivais, chaque personne que je croisais, il fallait que je lui en parle… Et puis elle s'occupait de mes papiers, de mes factures, de la sécu et de tous les documents administratifs dont on se moque quand on est encore une gamine – ce dont j'étais incapable et qui m'ennuyait profondément. C'était sa façon de s'occuper de moi, de me montrer son intérêt. Comme lorsqu'elle me complimentait sur ma tenue ou sur mon sourire.

*

Quand j'ai rencontré Eduardo, le futur père de ma fille, l'homme qui a le plus compté dans ma vie, alors que nous profitions de notre amour naissant et que nous étions deux jeunes inconscients en plein flirt, il fallait que je l'appelle chaque jour. Possessive, pas mal isolée, ma mère ne pouvait se passer de moi.

Elle me reprochait de ne pas venir la voir suffisamment alors que nous prenions le thé ensemble quotidiennement ! Si j'avais une obligation qui m'empêchait de partager ce moment, elle boudait comme une ado.

Au fond, elle ne voulait pas que je vive pleinement cet amour et que je construise quelque chose qu'elle ne maîtrisait pas. Comme elle avait les clefs de notre appartement de la rue de Lourmel – « au cas où » –, un soir on l'a même retrouvée chez nous, assise sur le canapé, dans le noir. Comme je n'avais pas répondu au téléphone, elle voulait s'assurer que tout allait bien, s'est-elle défendue lorsque nous sommes rentrés... Mais qui fait ce genre de choses ? Qui se permet d'être aussi intrusif dans la vie de ses enfants ?

*

Quand ma mère est partie, j'ai pris conscience que les années avaient passé mais que cette pudeur, les non-dits qui existaient depuis ma plus tendre enfance avaient subsisté. Même si nos liens se sont modifiés à la fin de sa vie, je ne sais rien d'elle, à part ce qu'a bien voulu m'en dire son amie d'enfance Emma, qui vivait près de la maison familiale de Vichy dont maman avait hérité. J'ai toujours détesté cette maison et j'étais odieuse avec ma mère quand elle m'obligeait à l'y accompagner – je n'ai jamais eu l'impression que ça la perturbait, d'ailleurs. Après son décès, Emma a répondu gentiment et patiemment à mes mille questions restées jusqu'alors sans réponse. Elle me disait qu'effectivement ma mère n'était pas très douce avec moi. Mais jamais je n'en saurai davantage. C'est mon plus grand chagrin.

*

Après leur séparation, ma mère a continué longtemps à déjeuner chaque jour au Fouquet's avec mon beau-père, à voyager dans des palaces et à fréquenter les salons privés des grands couturiers. Comme elle n'avait que Jean dans sa vie – et deux copines dont je me souviens vaguement et avec qui elle ne devait pas partager grand-chose –, c'était à moi que revenait la charge de l'y accompagner.

À vrai dire, j'aimais bien débarquer au Fouquet's et demander « la table de M. Darvey », qui laissait négligemment sa Porsche sur le trottoir de l'avenue des Champs-Élysées où une place lui était réservée. Ses plaques d'immatriculation « corps diplomatique » constituaient un passe-droit... qui en disait long sur les pourboires démesurés qu'il distribuait à tour de bras. N'allait-il pas aussi choisir lui-même son poisson directement dans les cuisines du restaurant en maître des lieux ?

Quand j'étais petite, cet homme ne m'avait pas aimée, mais nos rapports avaient fini par s'améliorer. Il me balançait des vannes idiotes mais qui me passaient au-dessus de la tête. Ses commentaires misogynes et indécents ne me faisaient plus rien : « T'as les seins qui tombent » ou « T'es bonne pour la casse »... Des propos qui me traumatisaient bien moins que l'horrible façon qu'il avait eue de faire tourner mon chien en bourrique pour m'emmerder lorsque j'étais enfant, ou de me frotter très fort les oreilles avec ses mains immenses jusqu'à ce qu'elles soient rouge écarlate juste parce que ça le faisait marrer. Qu'est-ce qu'il était con !

*

À l'aube de la soixantaine, ma mère était encore très belle et désirable. Elle aurait pu refaire sa vie, tomber amoureuse à nouveau. Mais son syndrome de l'abandon, celui qu'elle m'a transmis, était trop puissant pour qu'elle se reconstruise. Au lieu de cela, les rôles se sont inversés : c'est elle qui ne supportait pas d'être seule et que je ne me montre pas attentive et bienveillante. Un renversement un peu dur quand on songe qu'elle avait négligé mes joies et mes peines toute mon enfance et mon adolescence, qu'elle m'avait tenue à distance, s'était montrée indifférente lorsque je tentais des confidences. Elle a voulu se raccrocher à moi à l'âge où, moi, j'avais besoin de m'envoler, se nourrissant de mon quotidien, de ce que je lui racontais, et continuant de vivre à travers mes histoires.

Mais je le faisais assez spontanément, tellement heureuse de rattraper le temps perdu, de réparer quelque chose que je n'avais pas eu enfant, et de créer un nouveau lien. J'étais encore une petite fille qui avait besoin d'une présence maternelle, de l'attention que j'avais tant attendue, et si c'était parfois étouffant et maladroit, c'était sa façon de me montrer son amour. Quelque chose d'indéfinissable s'était noué entre nous. Un lien qui restera énigmatique, mais que je sais aujourd'hui profond.

Adieu maman

Ma mère est partie subitement. En quinze jours. Je n'ai rien compris. Trente ans plus tard, je m'en veux toujours autant de ne pas l'avoir accompagnée correctement. Je n'ai pas pu aller fermer son cercueil ; c'est Eduardo, rentré pour me soutenir, qui l'a fait pour moi. J'avais juste choisi les habits dans lesquels je pensais qu'elle serait heureuse de partir pour son dernier voyage.

C'est quand même terrible de songer que la seule personne que j'aie assistée patiemment jusqu'à la fin, c'est mon beau-père, des années plus tard. Il était depuis longtemps en maison de retraite et j'avais continué à lui rendre visite régulièrement. Il se montrait odieux, mais moi, j'étais là, je faisais mon devoir.

Je me souviens que lorsque j'ai appelé Jean pour lui faire part de la mort de ma mère, ça ne lui a fait ni chaud ni froid. Il a dit « Je m'y attendais », et n'est même pas venu à son enterrement, pas plus qu'il n'a fait livrer un bouquet de fleurs. Rien. Il m'a laissée seule avec ma peine.

Les dernières semaines de ma mère avaient été très pénibles. Dans sa chambre d'hôpital, isolée, elle était couverte d'escarres et sans doute maltraitée. Elle était épuisée, sa tête ne tenait plus. Moi, je ne pouvais rien. J'affrontais péniblement les nouveaux démons qui me hantaient, je ne comprenais pas ce qui se jouait, je pensais qu'elle allait guérir. J'étais maigre comme un clou, je n'avalais plus rien. Je n'avais pas toute ma tête, toute ma lucidité.

Le jour de sa mort, je m'en suis voulu de ne pas être restée plus longtemps la veille. J'étais arrivée en retard, passée en coup de vent, et lui avais promis de lui apporter le lendemain les oranges qu'elle me réclamait. Je n'ai pas eu le temps de le faire. Comment aurais-je pu savoir qu'elle partirait si vite ?

L'hôpital m'a appelée à 5 heures du matin pour m'informer qu'elle était en réanimation. J'ai couru la retrouver. On m'a fait enfiler une blouse et un masque et je suis entrée dans une grande salle à la lumière crue, froide et blanche où j'ai été prise de panique en entendant le vacarme des alarmes et des machines qui maintiennent les gens en vie. Ces bip-bip, tchou-tchou, qui grondent au rythme des battements du cœur, quelle horreur ! Je n'ai pas pu aller plus loin, pas réussi à m'approcher du lit. Ce bruit résonne encore dans ma tête.

Ivre de chagrin de n'avoir pas compris qu'elle allait mourir, démunie, seule au monde, une fois à la maison, je me suis jetée sur une feuille de papier pour lui écrire, dans un élan de désespoir : « Je ne peux pas vivre sans toi, je vais te rejoindre. » Cette lettre d'une jeune fille brisée, rédigée d'une écriture ronde et juvénile à l'encre rose, je n'ai pas réussi à la glisser dans son cercueil. Je la conserve aujourd'hui comme un talisman. Certaines phrases n'ont pas pris une ride : « C'est idiot ce que je fais, mais j'en éprouve trop le besoin. Le fait de t'écrire me fait penser l'espace d'un moment que tu es toujours là. La seule personne à laquelle j'ai envie de parler, c'est toi. [...] J'ai des milliers de choses à te dire que je garde pour moi. [...] J'aimerais tant que tu m'écoutes et savoir aussi si tu es heureuse. [...] Je ne comprends rien ma petite maman, tu es partie trop tôt. Je pense à toi du matin au soir. »

Quoi qu'une mère nous fasse, quels que soient son comportement, nos blessures passées et nos querelles, nous l'aimons à tout jamais. C'était en 1982, je n'avais que vingt-cinq ans, et j'étais orpheline... J'aurais pu en crever. J'ai voulu le faire à plusieurs reprises, d'ailleurs, mais la vie m'a repêchée à chaque fois. Je l'aimais tellement, ma maman.

*

J'ai mis du temps à accepter, peut-être même à comprendre, qu'elle n'était plus là. Sa ligne de téléphone n'a pas été coupée immédiatement et je me souviens d'avoir composé son numéro à plusieurs reprises. J'ai complètement vrillé. Je n'avais plus que la tristesse pour compagne. Mon désespoir et ma solitude abyssale prenaient tout l'espace. Je ne suis pas sortie de chez moi pendant des semaines.

Seule la drogue apaisait mes angoisses et ma tristesse. J'en prenais peu et à mon rythme – comme disait une amie, « t'étais un bébé, là-dedans » : elle et les autres étaient beaucoup plus voraces que moi – et j'ai toujours su que ce n'était qu'un passage, une béquille qui me procurait un bien-être psychologique. Que de toute façon, un jour, j'arrêterais. C'était comme une cachette dans laquelle la souffrance ne pouvait plus m'atteindre. Cette année-là, je n'ai pas trouvé d'autre solution pour tenir debout.

Adieu les nuits de folie sur la piste du Bus Palladium ou de mon fief, l'Élysée Matignon. Adieu Castel et Régine. Abandonnée à mon triste sort, j'ai glissé dans une douce torpeur seule capable de me faire déconnecter de la trop dure réalité.

Ça m'a permis de tenir debout, de ne pas me foutre en l'air brutalement, mais ce poison grisant qui ouvre la porte sur un autre monde détruit à petit feu. Revenir sur la terre ferme, chaque jour au réveil, était d'une douleur inouïe. Peut-être était-ce aussi une façon de reculer encore le moment de grandir et de porter le fardeau de ma vie d'adulte. Au fond, je n'ai jamais été faite pour une existence raisonnable et les responsabilités qui vont avec. Je suis restée longtemps une petite fille qui refuse de grandir.

Ce qui me plaisait, c'était la légèreté de la vie, la folie de la nuit. Vivre chaque année, chaque saison, des choses nouvelles avec des gens nouveaux, comme un oiseau des îles et sans lendemain, superficiel et léger, pour effacer le poids de nos mémoires… comme dans la chanson de France.

Avec cet abandon, la noirceur de la vie m'a éclaté en pleine figure.

*

Dans l'univers bohème qui était devenu le mien, à côtoyer des personnes instables et imprudentes, j'avais eu jusque-là toutes les peines du monde à rentrer dans le cadre mais je demeurais sur le fil, bien que fragile et un peu bancale. Mais avec la disparition de ma mère, mon chemin a opéré un virage radical et sans retour possible : du jour au lendemain, trop de souffrance, plus aucun repère, il me fallait quelque chose de festif pour tenir le coup.

Je n'avais plus qu'Eduardo sur cette foutue planète ; or, il avait dû repartir en Argentine après être venu passer cinq jours avec moi à Paris puis m'avoir accompagnée jusqu'au petit cimetière de Vendat, à côté de Vichy, où allait être enterrée ma mère. Je suis donc restée dans une solitude extrême et une grande détresse. Heureusement, j'ai trouvé la force et la présence d'esprit de me faire suivre chaque semaine pour surveiller ma consommation. Le médecin me voyait arriver en larmes dans son cabinet et me répétait que deux ou trois lignes d'héroïne par jour n'allaient pas me tuer et que ce n'était pas pire que de me bourrer de calmants et d'antidépresseurs. Moi, je gérais comme je le pouvais. Au quotidien, je prenais juste de quoi m'empêcher de réfléchir et de pleurer. Sans états d'âme, sans émotions ni souffrance, j'étais en permanence dans le cocon protecteur de l'héroïne.

Si défaillante, impuissante et maladroite fût-elle, ma mère, vivante, me protégeait. Morte, elle me laissait désespérément seule. Pendant presque trente ans, je n'ai pas pu parler d'elle sans verser de larmes. Il m'arrive encore, de temps à autre, lorsque je suis triste ou que je cherche des réponses à telle ou telle situation complexe, de l'invoquer à haute voix dans mon appartement. « Maman, maman, pourquoi t'es pas là ? » Et la nuit, de me réveiller en sursaut en l'appelant.

Un jour, je me suis fait renverser par une voiture qui a tué le petit chien que j'avais près de moi. Allongée par terre, hagarde et choquée, j'ai hurlé « Maman ! » au milieu de la rue. J'avais quarante-cinq ans. La sensation de l'avoir appelée toute ma vie et de n'avoir jamais été entendue m'habitera pour toujours.

*

Lorsque ma fille viendra au monde, trois ans après la disparition de ma mère, je n'aurai qu'une idée en tête : lui offrir une bulle de tendresse, le lien sensible et animal à la mère que je n'ai jamais connu. Fanny est aujourd'hui maman à son tour, elle a construit sa propre famille, mais je m'efforce d'être toujours là pour elle. J'y suis d'autant plus attentive que je n'ai pas su lui offrir de famille. Il y avait juste elle et moi, avec Philippe, mon compagnon pendant vingt ans, après mon histoire avec Eduardo. Même si je l'ai ouverte au monde en l'entraînant dans mes voyages – à huit ans, elle avait déjà vu les Antilles, les États-Unis, l'Argentine et Ibiza, bien sûr –, je n'ai pas réussi à lui construire un socle familial solide.

Les repas de famille, le fameux déjeuner dominical, je ne sais pas ce que c'est. La mère, le père, les grands-parents, les oncles et tantes qui se marrent, les cousins qui courent partout, tout ce petit monde réuni dans la joie et qui s'entend bien, je n'y ai jamais eu accès. Et je dois même avouer que je déteste ça. Il faut dire que le déjeuner du dimanche marquait pour moi à l'époque – et aujourd'hui encore, je crois – une sorte de retour en enfance. À table, le bon gros poulet trônant au milieu, nappé d'une sauce odorante, rappelle généralement de doux souvenirs. Pour moi, cela signifiait autre chose : l'absence de famille. Me marquant si profondément que j'ai toujours refusé d'être invitée à y prendre part dans d'autres familles, de devenir une pièce rapportée et de devoir fournir des efforts énormes pour tenir une conversation… sans oser attraper le sot-l'y-laisse avec les doigts !

C'est étrange, mais il est tellement important de pouvoir retrouver un peu de son enfance de temps en temps. Aussi, le dimanche, je restais seule chez moi. Cela signifie tant de choses, mine de rien. Orpheline depuis si longtemps, j'ignore ce qu'est une famille. Dans un mélange de tristesse et de jalousie, je les envie, ces gens, de partager leurs joies et leurs peines au sein d'un cercle protecteur et bienveillant. Bien sûr, je m'en fais sans doute une image d'Épinal, je l'idéalise, cette « famille bienheureuse », mais les pubs de chicorée qui vous mettent sous le nez le bonheur d'une famille modèle m'agacent.

Électron libre, femme blessée et éternelle solitaire, je me sens en marge de cette énergie familiale qui m'attire autant qu'elle me repousse. Même dans la famille de ma propre fille et de son mari, je ne trouve pas ma place. Mais je me réjouis d'une chose : Fanny n'est pas seule à élever son enfant comme ce fut mon cas. Même si Philippe était là pour m'aider à la faire grandir.

J'ai eu un demi-frère et des demi-sœurs, mais je n'ai jamais créé aucun lien avec eux. Il n'y a jamais eu de noyau solide autour de moi. Et j'ai fait avec. Ou plutôt sans. Les hommes ne m'ont pas apporté grand-chose, finalement, parce que j'ai toujours pris en charge les événements graves. Je n'ai jamais compté sur eux et je me suis assumée, là encore, seule – j'ai d'ailleurs du mal à accepter qu'un homme me dise quoi faire ou comment me comporter.

Je ne cessais de courir après l'idée d'un compagnon qui prendrait soin de moi, m'offrirait une épaule sur laquelle m'appuyer, un peu de chaleur, d'attention et d'écoute, mais je finissais presque toujours par fuir les hommes les uns après les autres, déçue de les découvrir guidés par leurs pulsions et souvent incapables de me rendre heureuse.

Eduardo, le père de Fanny, a tenu un moment ce rôle. Mais il m'a entraînée dans les pires affres de l'existence. Par amour pour lui, j'ai même fini en prison. C'est ce qui a fait de moi une femme plus fragile encore, et particulièrement méfiante.

Eduardo

Il était vraiment l'homme dont il ne fallait pas tomber amoureuse… C'est pourtant sur lui que j'ai jeté mon dévolu. Je ne regrette rien, parce qu'il a fait de moi une mère comblée, mais cette relation m'a détruite.

Je suis incapable de planifier, j'aime le risque, l'urgence, je fais tout au dernier moment : c'est ma manière de déjouer la routine. Repousser les limites, flirter avec le danger, c'est ma façon de combattre l'éventualité d'une vie terne et plate. En fait, j'ai toujours tout testé : la vie, les hommes et les limites. Les miennes et celles des autres. Surtout celles des hommes de ma vie. J'ai besoin d'eux, mais je suis incapable de les garder. Je crois que je ne sais pas aimer. Pourtant, tout le temps qu'a duré notre histoire, à Eduardo et à moi, je lui suis restée absolument fidèle. Fidèle et amoureuse ! Mais j'aurais dû me méfier de cette attraction magnétique qu'il exerçait sur moi – comme sur toutes les femmes, d'ailleurs.

*

Dès que je l'avais aperçu, j'étais tombée folle amoureuse de ce bel Argentin fraîchement débarqué de Santa Fe et attiré par la fête. Comme tout le monde j'ai été séduite par sa beauté, son intelligence. Nous nous étions rencontrés au cours d'un dîner chez une amie et avions passé la nuit ensemble, attirés comme des aimants. C'est le seul homme avec qui je suis rentrée dès le premier soir. Il était d'une beauté magnétique, son regard ténébreux et son allure latine me rendaient folle. J'étais dingue de lui. Et réciproquement.

Pendant plusieurs mois, malgré les appels incessants de ma mère et sa possessivité, Eduardo et moi avons vécu le grand amour. Les sorties, la belle vie, les voyages… Mais en juillet 1982, alors que j'avais déjà perdu maman en février, tout a dérapé.

*

Débarquant en France pour fuir la dictature militaire de son pays, Eduardo s'était d'abord installé avec un copain chez Brigitte Bardot, à Saint-Tropez, où il gagnait sa vie en photographiant des gens sur la plage. À l'époque, c'était un homme pur en quête de paix et d'une vie meilleure que celle que lui offrait l'Argentine. Mais c'est en arrivant à Paris qu'il a fait des mauvaises rencontres, et qu'il s'est mis à dealer un peu, pour gagner de l'argent. Gêné de ne pas en avoir assez pour me gâter, il voulait tout m'offrir.

S'il n'était pas un gros caïd, plutôt un petit dealer, malheureusement pour nous, les enquêteurs de la brigade des stups nous avaient dans le viseur. Nous étions à peine depuis six mois en couple qu'ils nous suivaient, enquêtaient sur nous, connaissaient chacun de nos gestes, notre emploi du temps, et écoutaient sans doute nos conversations téléphoniques. Pourquoi nous ? Parce que les flics cherchaient à démanteler un énorme réseau de trafic de stupéfiants à la tête duquel se trouvait un certain Eduardo… Il s'agissait d'un autre Eduardo, mais nous étions traqués à sa place sans le savoir.

*

Partis en voyage en Italie, nous avions passé quelques jours merveilleux dans une grande villa à Portofino chez un ami – je me souviens qu'il n'avait que des voitures et des motos blanches ; tout était blanc, chez lui. Amoureux, jeune, insouciant, Eduardo avait emporté de quoi prendre quelques doses quotidiennes avec son copain. On était bien.

Au retour, sur le chemin de l'aéroport italien, la voiture que nous avions louée est tombée en panne. On a loupé l'avion pour Orly. Se débrouillant pour trouver des billets sur un autre vol, on a finalement atterri à Roissy dans la nuit. Grâce à Dieu. Car ce contretemps nous a sans doute sauvés d'un futur plus noir encore que celui qui nous a été réservé : les flics nous attendaient à l'aéroport d'Orly, croyant attraper l'Eduardo-gros-calibre. Mon Eduardo, lui, rentrait juste avec quelques grammes de coke sur lui. S'ils nous avaient chopés à la descente de l'avion, on serait partis pour dix ans de prison… Je ne savais pas qu'Eduardo avait de la drogue sur lui et j'ai trouvé abominable qu'il me mette ainsi en danger.

Comme nous ignorions tout de l'enquête en cours, sans nous méfier, nous avons continué à consommer. Et Eduardo, à faire ses petits deals. Et les flics nous ont mis la main dessus. En juillet 1982, ils ont arrêté Eduardo chez lui. Puis ils ont débarqué chez moi quelques heures plus tard pour m'interpeller à mon tour.

J'ai compris – après coup – qu'ils avaient déjà fouillé ma voiture. J'avais remarqué que l'autoradio, sorti de son emplacement, avait été mal remis. Si j'avais trouvé ça étrange, je n'ai eu l'explication qu'une fois au Quai des Orfèvres, lors de l'interrogatoire : les stups voulaient nous faire tomber et cherchaient partout une dose, un cahier de comptes, voire un sachet vide.

Ils avaient même cru me surprendre en train de dealer moi aussi. J'avais eu un problème d'électricité un soir dans mon appartement et couru chez le droguiste acheter des fusibles ; le magasin était en train de fermer, la grille métallique baissée, mais le vendeur avait bien voulu me faire passer le petit sachet de fusibles par-dessous… Pour eux, c'était du pain bénit : m'arrêter en flagrant délit confortait leurs investigations. Or, ce n'était que des fusibles.

*

Ce matin-là, quatre flics ont débarqué chez moi et m'ont embarquée. Je suis sortie de mon domicile escortée comme un voyou, menottée, sous les yeux des commerçants et des habitants que je côtoyais tous les jours… Avec leur air de cow-boy, ils étaient odieux et méprisants. Je me souviens que l'un d'eux a lancé aux autres, en bas de l'immeuble : « C'est moi qui prends sa caisse, les gars », en fanfaronnant. Je ne sais pas trop ce qu'ils envisageaient de faire avec, mais je l'adorais, ma Mercedes SLC décapotable. Achetée d'occasion, elle ne valait pas grand-chose, mais elle était à moi. Ils avaient bien compris que j'y tenais.

Puis les quatre hommes m'ont fait monter dans leur fourgon de l'époque, direction le Quai des Orfèvres, adresse mythique de la police judiciaire de Paris, dont j'aurais préféré ne jamais connaître les couloirs... Quand je suis arrivée, la policière qui m'a accueillie avec ma chienne dans les bras – hors de question de la laisser seule à la maison, je leur avais hurlé : « Elle vient avec moi ! » – l'a directement appelée par son nom, Rimmel, preuve qu'ils savaient vraiment tout de nous.

Je suis restée cinq jours au Quai des Orfèvres, soit le temps maximal autorisé par le juge pour une garde à vue à l'époque. J'ai passé quatre nuits sans fin – et sans sommeil –dans une cellule surveillée par des bonnes sœurs qui travaillaient au sous-sol du 36. Des religieuses, encore ? Elles me suivent partout, celles-là, ai-je pensé. Au collège, au lycée, en prison.

Les interrogatoires ont duré des heures. Exactement comme dans les films. Assise sur une mauvaise chaise en métal, dans un bureau sombre et bas de plafond situé dans un sous-sol lugubre à la peinture fanée, un projecteur en pleine figure, j'ai dû répondre en boucle à des questions, et répéter dix fois, cent fois, peut-être, que je ne savais rien des trafics d'Eduardo. Les flics me disaient : « Vas-y, tu peux tout nous balancer, Eduardo nous a mis au courant. » Mais je n'ai rien lâché. Malgré la fatigue, j'ai tenu bon. Je ne savais pas grand-chose, de toute façon, vu qu'Eduardo faisait son petit business dans un appartement qu'il avait loué pour ça avec un ami.

*

La police nous a donné à manger et à boire. Et un tranquillisant aussi. Même si le manque se fait moins ressentir en situation de stress, on a trouvé une magouille avec Eduardo pour se faire une petite ligne tous les deux au beau milieu de notre garde à vue et au nez et à la barbe des stups. Qu'est-ce qu'on était inconscients et imprudents !

Pour déjouer la surveillance des flics, on a utilisé ma petite chienne, assise près de moi et dont personne ne se méfiait. Elle était très intelligente, mais surtout particulièrement obéissante. Eduardo était assis sur un banc en face de moi, dans un espace entouré de grandes vitres qui ne descendaient pas jusqu'au sol ; Rimmel avait le gabarit parfait pour se glisser en dessous.

On n'avait le droit ni de se parler ni de se toucher, mais nos regards suffisaient.

J'ai compris très vite qu'Eduardo avait ce qu'il fallait sur lui. Cet idiot avait pris le risque d'en cacher dans son slip en garde à vue ! Mais ça nous a sauvés. Sans, j'aurais sombré ; en manque, je n'aurais probablement pas tenu le coup. Il a coincé une dose, extraite du paquet laissé en haut d'une de ces vieilles chasses d'eau reliées à une chaînette, dans le minuscule porte-nom attaché au collier de Rimmel… qui allait et venait librement entre nous.

À un moment, le commissaire s'est aperçu que son détenu n'avait pas été fouillé intégralement et qu'il aurait dû être déshabillé. J'ai eu la peur de ma vie lorsque j'ai compris ce qu'il s'apprêtait à faire. Eduardo, qui lui n'avait peur de rien, a gardé son sang-froid. Les bras écartés, sûr de lui, il a dit au policier en le regardant droit dans les yeux : « Allez-y ! Fouillez-moi ! Pas de problème. » Il se marrait à moitié et n'avait pas l'air de prendre la situation au sérieux. Ça a suffi pour que le gardien considère qu'il n'avait rien sur lui. J'ai entendu « C'est bon, ça va », et retrouvé une respiration normale.

À la fin de la journée, une fois la décision des stups prise, on m'a attribué un avocat commis d'office. Comme c'était le début des vacances judiciaires, autant dire que, concubine du dealer, j'allais tomber avec lui. Et même si les policiers avaient fini par comprendre qu'ils n'avaient pas chopé le « bon » Eduardo, pas question pour eux de nous laisser sortir. Nous expédier en prison en tant que toxicomanes pouvait servir d'exemple et dissuader les autres petits dealers de continuer. Les paquets vides que nous avions dans nos poches constituaient, à leurs yeux, une preuve de consommation et suffisaient à nous coincer.

Alors que j'espérais rentrer chez moi après cette garde à vue épuisante où j'avais répété inlassablement n'avoir jamais participé aux petits trafics d'Eduardo, on m'a remontée au rez-de-chaussée. Après un premier contact avec nos avocats, Eduardo et moi avons été séparés. Il partait pour la Santé, moi, pour Fleury-Mérogis. On a patienté longtemps avant qu'un fourgon vienne nous chercher.

Là, j'ai eu tout le temps de commencer à prendre peur et à deviner l'horreur qui m'attendait. À la lumière du jour, le cauchemar devenait réalité : aller en prison, ce n'était pas possible. C'était même terrifiant. Et puis j'avais tant de choses à régler encore avec le décès de ma mère, des papiers à remplir, sa maison de Vichy à vider. Comment faire tout ça… en détention ? J'étais pétrifiée.

Plusieurs personnes, dont une jeune femme en robe, très belle, un mannequin, sûrement, sont apparues, et une par une nous sommes montées dans un fourgon où chacune s'est vue enfermée dans une sorte de cage grillagée. Comme des animaux. J'ai trouvé la route démesurément longue. Il faisait une chaleur écrasante. La tête vide, le corps tétanisé par la peur, je transpirais. J'étais épuisée. Et je n'avais pas fumé une seule cigarette depuis des heures.

Fleury-Mérogis, quartier des femmes

Quand le fourgon a franchi les immenses murs d'enceinte en béton de la maison d'arrêt, j'ai cru mourir : tout ce que je venais de vivre n'était pas un cauchemar, c'était bien réel, et j'arrivais en prison. Encadrée par quatre matonnes, j'ai traversé l'immense cour grise où les mauvaises herbes sortaient de-ci, de-là entre deux dalles délabrées, entourée de grillages surmontés de barbelés qui grimpaient jusqu'au ciel. Les autres filles suivaient. On nous a parquées sous un soleil féroce et sans rien à manger ni à boire. Comme des bêtes dangereuses.

Ensuite, dans une pièce sordide, on nous a fait prendre une douche et distribué des draps, un paquetage et une sorte de sac en filet. À nouveau, on est restées des heures à attendre. J'avais perdu ma mère et Eduardo en cinq mois. Seule, séparée de l'homme que j'aimais, je n'avais plus aucun repère. L'horreur.

*

Il paraît que cette prison est l'une des plus dures de France ; je n'en ai pas fréquenté d'autre, mais je veux bien le croire. Les femmes enfermées ici n'avaient d'autre choix que de supporter au quotidien la promiscuité, la solitude et la misère. Je n'ose imaginer ce que cet endroit est devenu quarante ans plus tard, avec les crises successives du milieu carcéral, mais à l'époque déjà, se retrouver sous les verrous de cet établissement revenait à mourir un peu, à perdre sa dignité, à toucher du doigt les abîmes.

Dans la cellule qui m'a finalement été attribuée, une fille était là depuis pas mal de temps, plutôt bien installée. Moi, je suis arrivée sans rien, pas même un pantalon ou une culotte de rechange. À peine la porte refermée, la fille m'a insultée : elle me détestait déjà. Je lui ai demandé une cigarette, mais elle m'a expliqué que ça ne se passait pas comme ça : il fallait de l'argent pour s'acheter du chocolat, des clopes ou un sachet de thé. J'ai donc vite appris moi aussi à « cantiner », comme on dit... On manque de tout, en prison, alors on échange, on troque et on s'organise. Cette fille m'a conseillé aussi d'écrire tout de suite à un juge, maître Biswang, qu'elle savait plutôt disposé à aider les détenues comme moi.

La plupart des détenues étaient jalouses et méfiantes. Rapidement, j'ai compris qu'il serait difficile de s'en faire des alliées. Dans la cour, deux fois par jour au moment des promenades, des clans se formaient. Il y avait un groupe avec beaucoup de femmes jeunes ; un autre avec les « tueuses de mari » ; un autre dont une femme, qui avait fait grandir son enfant dans un placard, avait défrayé la chronique quelques mois plus tôt. Il y avait aussi une terroriste de l'OAS qui était isolée mais que l'on croisait de temps en temps dans la cour. Un environnement pareil, à vingt-cinq ans, laisse quelques traces…

J'ai toutefois été agréablement surprise par les matonnes, qui n'étaient pas trop mauvaises avec moi, car elles savaient. Je devais sûrement ce traitement de faveur à mon « statut » particulier de Clodette.

*

Je suis restée sous les verrous deux mois et demi. Une fois retiré un jour par semaine de rétention sur la peine prévue initialement – le calcul légal –, cela fait exactement soixante-dix-huit jours. Pendant tout ce temps – qui semble si long quand on ne mange pas à sa faim et qu'on vit enfermé dans une minuscule cellule –, je n'ai pas eu une seule visite. Personne ne s'est donné la peine de venir voir comment j'allais. J'ai reçu une lettre, toutefois. De l'homme dont j'avais choisi d'avorter, des années plus tôt. Qui m'a surprise et touchée. Mais je n'avais rien, vraiment. Ni ma mère, ni Eduardo, ni personne à qui parler, à qui demander de m'apporter quoi que ce soit. J'avais dû me fabriquer une vague jupe en déchirant mon tee-shirt.

J'ai failli perdre pied mille fois. Surtout à cause des religieuses – encore elles – qui se montraient atroces, agressives et corrompues ; il n'y en avait pas une pour rattraper l'autre. Je me souviens qu'elles n'arrêtaient pas de me répéter : « Vous n'êtes pas près de sortir, vous. » Sympa de m'encourager, de me remonter le moral... Je me sentais seule, abandonnée. Sans rien faire de mes journées, voyant seulement le temps s'étirer, je ne voyais plus aucun sens à la vie. Nous n'avions aucune occupation, aucune activité. Seulement le droit de lire ou d'écrire, et de faire le tour de la cour deux fois par jour pendant une demi-heure. Alors j'organisais des rendez-vous avec les psys pour m'échapper quelques instants de ma cellule. Quel épouvantable sentiment de n'avoir personne avec qui partager, sur qui se reposer. Comme j'en voulais à Eduardo de m'avoir mise dans cette situation !

Chaque nuit, les matonnes nous réveillaient bruyamment en allumant la lumière et en ouvrant le judas pour vérifier que tout allait bien. Comment retrouver le sommeil quand on vous réveille ainsi ? Vous finissez par le perdre totalement.

Une nuit, on est venu me chercher vers 2 ou 3 heures du matin, sans prévenir : « Paquetage. Changement de cellule. » J'ai réuni en vitesse le peu de choses que j'avais dans mon sac et quitté ma cellule sans savoir où on m'emmenait, ni pourquoi. Pendant quinze jours, je suis restée seule dans une cellule grise, recouverte de graffitis. J'ignorais la raison de mon déplacement, combien de temps je resterais là… Il n'y avait sûrement aucune raison, c'était pour me faire comprendre ce qu'était la détention : pas une partie de plaisir.

Heureusement, un jour, une jeune femme enceinte est venue partager ma cellule et mon quotidien s'en est trouvé adouci. Ce n'était pas le grand luxe, mais les dernières semaines m'ont tout de même semblé moins pénibles.

Finalement, la lettre que j'avais adressée au juge d'instruction a produit son effet : celui-ci a estimé que je n'avais rien à faire en prison. J'ai alors obtenu une remise de peine et on m'a laissée sortir dans l'attente du jugement. Sans ce courrier, j'aurais croupi dans une cellule un an au moins, les lenteurs de la justice française étant proverbiales.

*

J'ai quitté la prison. Seule et sans rien. Je suis montée dans un taxi pour rentrer chez moi. Très affaiblie, très abîmée. Heureusement, Mimi, une amie de longue date, m'a aidée. Je n'avais plus qu'elle pour famille, pour seul soutien, pour seule présence. Mimi savait, me comprenait ; elle avait vécu le même genre d'histoire.

Au moins, en détention, j'avais décroché de la drogue. Ce qui était plutôt pas mal, parce qu'avant, surtout depuis la mort de ma mère, je filais un sacré mauvais coton. La tristesse m'avait poussée à prendre toujours plus d'héro « pour oublier », « pour tenir », et je n'avais jamais assez des fameux « flashes » qui réchauffent et rassurent. À ma sortie, j'étais donc presque clean. Ayant tenu des semaines sans rien prendre, plus question de tomber là-dedans. Plus question de mourir. Ni de suicide ni d'overdose.

Pourtant, mon premier réflexe en rentrant à la maison a été de me faire une petite ligne ! Les flics, qui avaient fouillé mon appart du sol au plafond en mon absence, laissant toutes mes affaires sens dessus dessous – même ma plante en pot avait été déterrée –, n'avaient pas trouvé ma planque. Mon petit paquet était toujours enroulé au milieu des chaussettes. Personne n'avait mis la main dessus.

L'Argentine

Si j'avais pu faire réduire ma peine à moins de trois mois, Eduardo, lui, devait purger une année complète de détention. Alors, pendant neuf mois, perdue, désemparée et livrée à moi-même, j'ai fait un nombre incalculable d'allers-retours au parloir pour ne pas le laisser seul. Je lui apportais du linge propre et de quoi améliorer son quotidien. J'ai mis toutes les forces qui me restaient à son service, monté des dossiers, rempli des dizaines de formulaires et de demandes d'aides en tout genre. J'ai payé aussi des sommes folles à deux avocats : l'un des meilleurs de Paris – qui avait l'air d'un mafieux avec son Borsalino vissé sur le crâne – et son neveu, un homme adorable qui est devenu plus tard mon ami, avant de mourir du sida.

Le rythme infernal provoqué par l'incarcération d'Eduardo m'usait tellement que lorsque j'arrivais au parloir, je m'effondrais de fatigue et de tristesse.

Ce n'était pas lui qui pleurait, c'était moi. Et pourtant j'étais libre.

Heureusement, j'ai alors fait la connaissance d'un homme qui, sensible à mon désespoir et ébranlé par ma fragilité, a pris soin de moi et m'a aidée à retrouver un semblant de moral, à me remplumer un peu. Depuis le décès de ma mère, je n'avais plus d'appétit, et mon séjour en prison n'avait pas amélioré mon état de santé. Je devais peser quarante-cinq kilos, j'étais squelettique. Ce philatéliste tendre et patient, à l'écoute de mes besoins et aux petits soins pour moi, faisait les courses et me nourrissait pour que je reprenne du poil de la bête. Il me tenait compagnie, me rassurait la nuit en me serrant fort contre lui. On dormait ensemble, mais il ne se passait rien de plus. Incapable de m'occuper de moi, je n'aurais pu prendre soin d'un homme. Grâce à lui, j'ai tenu bon jusqu'à la sortie d'Eduardo. Ce fut un peu mon sauveur, mon bon samaritain.

*

À la fin de sa peine, Eduardo a été conduit directement à l'aéroport pour expulsion. Quand j'ai su qu'on l'emmenait à Orly, je me suis précipitée. Pour le voir un moment, l'embrasser, avant qu'il ne s'envole définitivement vers l'Argentine – il n'avait plus le droit de poser le pied sur le territoire français. Mais dans les bureaux de la police aux frontières de l'aéroport, on m'a empêchée de rejoindre mon amoureux. Alors que je distinguais sa silhouette derrière l'immense baie vitrée, j'ai hurlé de toutes mes forces. J'ai fait un scandale et tellement pleuré que les policiers, émus, ont fini par céder. Je sais qu'ils ont fait une grosse entorse au règlement pour nous laisser seuls tous les deux dans une petite salle, le temps de furtives retrouvailles, avant que l'avion décolle.

Eduardo est parti. Et… je l'ai suivi quelques semaines plus tard. Toujours amoureuse malgré l'année épouvantable qu'il venait de me faire passer. Je n'avais qu'une idée en tête : être à nouveau dans ses bras. Il était l'homme de ma vie, je continuais à l'adorer et à me convaincre que notre couple en valait la peine.

Il m'a fallu des années pour comprendre que mon séjour en prison, additionné aux mensonges d'Eduardo – il passait son temps à s'arranger avec la vérité et n'était pas le plus fidèle des hommes, non plus –, avait détruit quelque chose entre nous, que plus rien ne serait jamais pareil. Je croyais l'aimer mais je m'étais en fait accrochée à un mirage.

*

J'ai rejoint Eduardo en Argentine dans un état physique et psychologique catastrophique. J'étais malade, famélique, épuisée. Mais lui, ce qu'il voulait, c'était retrouver sa maîtresse, en profiter dans son lit tout en continuant à s'amuser avec ses amis. Il n'a pas une fois pris soin de moi, il n'a rien compris à ma détresse : il m'avait esquintée, ruinée, et refusait de s'en sentir responsable.

Au début du séjour, heureux de me retrouver, il était gentil et me présentait fièrement à ses copains. De mon côté, il fallait que je me montre souriante et aimable, que je fasse bonne figure au bras de ce bel homme connu comme le loup blanc dans les rues de Santa Fe. Comme je n'arrivais pas à donner le change, il l'a mal pris et son attitude s'est durcie. Je devais me comporter comme les femmes argentines qui restent à la cuisine et sont au service de ces messieurs, leur obéissant au doigt et à l'œil, satisfaisant sans rien dire le moindre de leurs désirs. Or, je n'avais rien en commun avec ces femmes. Habituées à ce mode de vie, elles étaient accueillantes et souriantes ; moi, avec mes santiags et mes habitudes de Parisienne moderne, je faisais tache dans le décor… Le décalage de culture sautait au visage.

J'ai tenu trois mois. Trois mois durant lesquels Eduardo n'a cessé de se montrer froid et distant. La prison l'avait changé, moi aussi. Je ne posais plus le même regard sur lui. Trop épuisée moralement par l'épreuve de mon incarcération, je n'avais plus le moindre recul sur notre histoire, mais je commençais à me détacher de lui peu à peu.

Puisque je n'avais pas l'attitude qu'il souhaitait et pour me faire payer de ne pas me comporter « comme il le fallait », Eduardo me mettait ses amies dans les pattes pour que « j'apprenne à faire comme elles » et que je ressemble à ces Argentines dévouées corps et âme à leurs conjoints... Elles y mettaient vraiment du cœur, mais moi j'étais épuisée par tout ce monde qui venait sans cesse chez nous. Je ne m'y faisais pas. Je rêvais d'autre chose et n'avais aucune envie de cette vie-là.

On est partis quelques jours à Buzios, au Brésil, pour essayer de se retrouver, loin de la pression de sa mère et de leurs habitudes. Ce petit village de pêcheurs situé à deux cents kilomètres de Rio est un peu le Saint-Tropez local. Mais le lieu avait beau être branché et charmant, rien n'y faisait. J'étais toujours amoureuse ; pour autant, faire le dos rond et accepter de multiples compromis était trop pour moi. Pire, j'en voulais à Eduardo.

Alors, je suis rentrée à Paris. Bien décidée à tourner la page.

J'ai pourtant fait quelques allers-retours en Argentine, parce que nous n'arrivions pas à nous passer l'un de l'autre, parce que le lien indéfectible qui nous unissait, nous ne parvenions pas à le briser. Jusqu'au jour où, Eduardo étant interdit de séjour en France, nous avons décidé de nous installer à Ibiza. Où le soleil brille trois cents jours par an, où Eduardo n'aurait pas de problème de langue. Un lieu idéal pour repartir de zéro.

Le pire, c'est qu'après l'enfer de la prison, après l'enfer de l'Argentine, il y a eu l'enfer d'Ibiza, où nous avons cru faire fortune en transformant un bistrot en vidéo-bar à la mode. Quelle mauvaise idée de partir dans ce temple de la fête…

Rétrospectivement, même si je ne regrette rien de ces années et que, si c'était à refaire, je ne changerais aucun élément de l'histoire avec Eduardo, je reconnais en avoir bien bavé. J'y ai laissé mon pognon et beaucoup de plumes. Mais je l'avais dans la peau, Eduardo.

Tempête à Ibiza

Mon ami Jaïs possédait le Casablanca, un bar situé rue Quincampoix, qui tournait à plein régime. C'était la grande époque des vidéoclips, tous les groupes de musique en vue s'étaient lancés dans la production de ces petits films qui passaient en boucle dans les lieux à la mode grâce aux cassettes VHS. Un procédé révolutionnaire dont tout le milieu de la nuit parlait. *Thriller* de Michael Jackson et les tubes disco du moment sont restés la preuve de ce tournant majeur de l'histoire de la musique, où des clips légendaires sont devenus des monuments de créativité.

Eduardo et moi, nous nous étions mis en tête d'exporter le concept à Ibiza. Y avait-il meilleure destination pour monter un bar où tourneraient des vidéoclips toute la nuit ? Une clientèle sur mesure se trouvait déjà sur place, à une époque où les clubs de l'île étaient connus pour leur atmosphère électrique. On venait y danser, se divertir et profiter de la vie nocturne animée sur une musique entraînante et dans une ambiance festive et exubérante. Alors on s'est lancés bille en tête.

Avec un peu d'argent, tout était très facile : des bars et des discothèques ouvraient les uns après les autres. Il suffisait d'avoir un peu d'audace et de connaître trois ou quatre personnes déjà installées pour monter un business. Le charme et le charisme d'Eduardo aimantant les hommes comme les femmes, je faisais confiance à son pouvoir de séduction.

*

Ouvert à l'étage, notre bar, l'Altillo, n'avait pas d'accès direct sur la rue où les gens allaient et venaient d'une adresse à l'autre au fil de la nuit. Il fallait donc le connaître pour y monter… Ce qui n'était pas malin. Mais on a quand même eu notre petit succès et le bar s'est mis à bien marcher. Hélas, pas suffisamment par rapport à ce qu'il nous coûtait. À moi, surtout, puisque j'ai quasiment tout payé. Le peu d'argent qu'avait mis de côté Eduardo avait été confisqué lors de notre arrestation – du liquide et sa collection de montres qu'on n'a jamais revue. Il fallait du matériel audio et vidéo, un écran géant, de la déco… et deux lecteurs VHS qui, à l'époque, étaient des objets de luxe et qui m'ont coûté l'équivalent de deux mille euros chacun. Une fortune. Les caisses se sont vidées à vue d'œil, d'autant plus qu'Eduardo ne faisait pas payer grand monde à l'Altillo : il avait l'impression d'inviter ses copains argentins qu'il faisait venir de Santa Fe à la maison.

Parce qu'on était jeunes, inconscients, et surtout parce qu'on avait les yeux plus gros que le ventre, on a décidé de reprendre une autre affaire : l'un des grands bars de l'Amnesia, club parmi les plus influents et les plus courus de l'île – on y a même reçu un soir le prince de Monaco. Première discothèque en plein air, cette ancienne maison transformée en énorme club, particulièrement connue pour ses fêtes à ciel ouvert, pouvait accueillir jusqu'à cinq mille personnes et semblait ne jamais désemplir. Un lieu qui portait bien son nom car on venait pour oublier son quotidien et laisser ses soucis derrière soi. Il faut dire que pour nous, défoncés du matin au soir, la vie était belle. Mes promesses d'arrêter la drogue étaient restées au parloir.

Si vous ne l'avez pas connu à la grande époque, il faut imaginer ce lieu qui ne manquait pas d'installations originales, certaines datant de sa création, comme l'immense piste de danse à ciel ouvert d'où l'on appréciait le lever du soleil, d'autres, comme les balançoires placées entre les grosses enceintes, ajoutées plus tard. J'adorais m'installer sur l'une d'elles et me balancer au rythme de la musique parmi les danseurs aux vêtements toujours délirants. La liberté totale était de mise et les garçons comme les filles, tous aussi beaux les uns que les autres, déambulaient de la célèbre plage du Ku Beach à chez nous en arborant des tenues venues d'un autre monde – il y avait chaque soir des soirées à thème farfelues. En pleine mode des maillots strings, les filles ne portaient souvent rien d'autre sur la peau.

Je pense m'être retrouvée projetée à la source d'une nouvelle ère qui n'a pas seulement changé notre façon de danser ou de faire la fête mais qui a transformé en profondeur jusqu'à nos mentalités de noctambules. La « culture club », comme on l'a appelée plus tard, a donné une sorte de seconde vie à la philosophie hippie des années 1960, et quel meilleur lieu que l'Amnesia pour en être le centre névralgique ? Tout à coup, les nouveaux DJ sont devenus les rois de la nuit. Avec deux platines, les derniers vinyles à la mode tout droit arrivés de Londres ou de New York, et du gros son monté à plein tube, ils nous faisaient oublier tout le reste. Nos diplômes, notre couleur de peau, notre sexe et notre langue ne faisaient plus aucune différence ; seuls comptaient la fête, les câlins et la fièvre collective qui nous animait.

Jamais je n'ai vécu des nuits plus folles que pendant les quelques mois de notre aventure à l'Amnesia. Le club existe encore et remporte toujours autant de succès, même si les nuits ne doivent plus ressembler à ce que nous y avons vécu…

*

Revers de la médaille, cette période espagnole a été un carnage émotionnel. J'étais toujours sous le charme d'Eduardo avec qui je continuais à vivre des moments très forts, mais je n'avais plus confiance. Il se faisait draguer par toutes les filles, mariées ou non, tant il était beau, séduisant, magnétique. C'est très chouette, la liberté sexuelle. Mais sur le papier ! S'il est tentant de se mélanger au milieu de la nuit et de se laisser aller à des corps-à-corps voluptueux sans lendemain, quand son compagnon s'affiche avec une autre sur la piste de danse, ce n'est plus la même histoire. J'ai terriblement souffert de le voir me tromper sans aucun scrupule. Je sentais notre couple sur une mauvaise pente. D'autant qu'à la maison, parce que la porte était toujours ouverte aux copains paumés qui débarquaient régulièrement, rien n'allait plus. Des Français et des Sud-Américains arrivaient par paquets de douze et squattaient une nuit ou une semaine, s'invitant à boire à la table d'Eduardo. Bref, un autre enfer.

J'avais aimé cet homme passionnément au premier regard, et cru avoir trouvé celui dans les bras de qui je voulais passer le restant de mes jours… Nous avions eu de l'argent – entre ses petits deals et les sous que j'avais de côté –, et vécu des mois merveilleux à voyager et à faire la fête, de Saint-Tropez au Brésil, en Argentine comme à Buzios. Cet Argentin m'avait fascinée – comme il ensorcelait tous les hommes et les femmes qui croisaient son chemin. Mais c'était terminé. Son succès avait eu raison de notre amour.

À l'instant où il s'est mis à me tromper, c'en était fini de moi. Eduardo avait l'embarras du choix, les filles faisaient quasiment la queue pour passer la nuit avec lui. Le perdre de cette façon a été rude, tant pour mon orgueil que pour mon affect. Alors j'ai préféré tracer la route : il était temps de sauver ma peau.

Je suis donc partie du jour au lendemain, en lui abandonnant au passage tout ce que nous avions construit ensemble. Mais seulement après avoir découvert qu'il me laissait le plus beau des cadeaux, ma raison de vivre : un bébé.

Je me souviens très bien de la nuit où Fanny a été conçue. Un éclair avait parcouru mon corps et j'avais ressenti au plus profond de mon être que j'étais enceinte. « Désormais, je me suis dit, jamais plus je ne serai seule. » À partir de ce moment, nous étions deux, ce petit être et moi. Et pour une femme marquée par des abandons successifs, en mal d'amour, ce bébé relevait d'un don du ciel. Devenir mère m'offrait la promesse d'un avenir chargé d'amour et de tendresse. C'était avec Eduardo que je voulais un enfant, avec personne d'autre. Au moins, il me laissait ce bonheur inestimable.

Fanny

J'ai vécu seule ma grossesse – ça ne surprendra personne –, mais je me suis sentie vivante. Vivante et heureuse comme jamais. Enfin je ne serais plus jamais isolée puisqu'un être dépendait désormais de moi. Voilà tout ce qui comptait.

La naissance de ma fille, en 1985, fut un véritable cadeau. Grâce à elle, j'ai vécu les plus grandes émotions de mon existence. Je l'ai trop aimée, sans doute. Mal aimée, aussi, puisque je n'avais aucun pilier, aucun modèle auquel me rattacher pour devenir une maman. Mais je l'ai aimée avec tendresse et attention pour ne jamais m'en vouloir de ne pas lui offrir le meilleur : la douceur d'une mère.

*

Deux ans auparavant j'avais été contrainte de vendre mon petit appartement de la rue de Lourmel, sur les recommandations d'un conseiller fiscal véreux qui avait cherché à abuser de moi… Un type qui ne s'était pas gêné pour me draguer en me faisant miroiter une belle vie, si j'acceptais ses avances – alors qu'il avait l'âge de mon père.

Les douanes aussi s'étaient rappelées à mon bon souvenir. Elles m'avaient convoquée à propos d'un compte à l'étranger que j'avais eu, quelques mois à peine après ma sortie de prison. Et pour cause : mon nom apparaissait dans une affaire de comptes. J'ai nié, évidemment. Et quand j'ai téléphoné à mon beau-père, paniquée, au lieu de me rassurer, il m'a dit : « Surtout, tu ne donnes pas mon nom ! » Sympa…

Je m'étais fait arrêter un autre jour, au cours d'un classique contrôle routier cette fois, pour une sombre histoire de chèques faits à Eduardo pour lui rendre service. Il devait de l'argent à un dealer, et moi, bonne pomme, j'avais réglé ses dettes. À l'occasion d'un aller-retour en voiture entre Ibiza et Paris, avant que je revienne définitivement en France, les flics m'avaient arrêtée. Cette grosse Mercedes 450 au look un peu masculin que j'adorais – les voitures, je les aime puissantes, le bruit du moteur me grise, c'est mon côté mec, sûrement – avait attiré leur attention.

Tout ça s'était soldé par une lourde dette aux douanes de plusieurs dizaines de milliers d'euros… finalement réduite à 2 500 euros grâce à un flic de la brigade des stups plutôt sexy et chargé de l'affaire. Il m'avait fait la cour, j'avais craqué pour ce beau cow-boy qui arrivait chez moi avec son flingue qu'il déposait après l'avoir vidé de ses balles. Ce geste me troublait et son attitude me captivait. Je m'étais un peu attachée. Lui m'aimait bien. Notre histoire n'a jamais vraiment pris. Au moins, j'ai fait une économie.

Décidément, les hommes occupent une place étrange dans ma vie. Je ne peux pas vivre sans eux, mais au fond, je ne les aime pas. Il me semble que j'ai toujours eu bien plus de courage qu'eux quand il fallait affronter des situations périlleuses, et que finalement je n'ai jamais su comment me comporter avec eux car je ne leur faisais aucune confiance. Peut-être ne sais-je pas ce qu'aimer un homme veut dire.

Bref. Avec ces histoires, j'avais perdu mon appartement. Heureusement, j'avais pu m'installer à quelques pas du Trocadéro, rue Scheffer, dans un très beau duplex loué par ma demi-sœur qui avait hérité d'un joli portefeuille d'appartements à la mort de sa propre mère. Un logement où j'ai vécu seule pendant toute ma grossesse. Une des rares visites que je reçus fut celle de France et Michel Berger, venus dîner un soir à la maison.

Pendant neuf mois, j'ai attendu religieusement que mon bébé pousse dans mon ventre. *Clean*, je n'ai pas commis un seul écart. Le jour J, quand les contractions ont commencé à se rapprocher, j'ai attrapé ma petite valise – remplie de vêtements ravissants de nouveau-né que m'avait donnés France – et je me suis rendue seule, à pied, à la très chic clinique du Trocadéro, au bout de ma rue, où j'ai accouché seule, encore. Je n'oublierai jamais l'instant de bonheur ultime, trop rapide et que l'on a envie de savourer pour l'éternité, où la sage-femme a enfin déposé ma fille, toute douce et toute chaude, au creux de mon cou, le lendemain matin. Il était 6 h 45, nous étions le 19 avril 1985.

Eduardo est venu dès qu'il a su que sa fille était née. Ça m'a touchée. Je me souviens que j'avais râlé parce que je trouvais la chambre qu'on m'avait attribuée trop petite : je voulais la plus belle et la plus grande pour accueillir cette enfant que j'avais tant désirée. Quand France est arrivée – la première ! –, j'avais déjà obtenu gain de cause. Je nous revois toutes les deux penchées sur cette merveilleuse poupée qui venait de naître, faisant de moi une maman comblée.

Quand j'ai quitté la maternité avec mon nouveau-né au chaud dans mes bras, j'étais sans filet mais tellement fière de ce petit être que j'allais pouvoir chérir et protéger.

*

Ma petite fille a grandi à sa façon. Je l'ai élevée sans famille, sans cadre établi, toujours plus ou moins seule, épaulée seulement par Philippe, son père de substitution qui a passé vingt ans à nos côtés et dont j'ai été très amoureuse. Avant d'être déçue, blessée. Et de le détester. L'histoire de ma vie, en somme.

Philippe est entré dans ma vie alors que Fanny n'avait que six mois. À l'époque, je sortais avec son copain Vincent, et même si j'étais tombée immédiatement sous son charme, il n'y avait rien eu entre nous. Philippe, Vincent et son frère, gais, vivants, drôles, passaient beaucoup de temps à la maison. J'adorais avoir cette bande de garçons chez moi. C'était joyeux. Au fil des mois, je me suis détachée de Vincent et rapprochée de Philippe, jusqu'à ce que le premier l'apprenne, coupe court à notre relation, et que je m'autorise à tomber dans les bras du bel homme aux yeux bleus.

Comme deux ados, nous nous retrouvions dès que possible, volant quelques heures à nos quotidiens respectifs pour vivre notre passion. Fanny, haute comme trois pommes, me réclamait du temps et pas mal d'énergie, et Philippe et moi aimions plus que tout nous octroyer une parenthèse au milieu de la journée, profitant de l'heure du déjeuner pour nous blottir sous les draps. J'étais si follement amoureuse de lui que mes jambes tremblaient quand je le voyais. Et ce frisson a duré longtemps.

Philippe est devenu progressivement un père de substitution pour ma fille. Eduardo venait de temps en temps à Paris et insistait pour passer un moment avec Fanny. Mais celle-ci, qui avait déjà un caractère bien trempé, refusait de le voir. Elle refusait même de le prendre au téléphone quand il appelait à la maison. Son père, à ses yeux, c'était Philippe. Point.

Il faut dire qu'Eduardo, alors que je lui avais demandé de veiller à être irréprochable devant sa petite fille, était immanquablement esquinté quand il nous rendait visite ; il arrivait la tronche en vrac, me parlait en espagnol... Fanny était petite, mais sentait les choses. Et quand elle se bloquait sur un sujet ou contre quelqu'un, on ne pouvait rien faire ! Sans en avoir conscience, c'était sans doute pour me protéger qu'elle agissait ainsi. Elle n'a commencé à nouer vraiment une relation avec Eduardo qu'à l'âge de quinze ans, lors d'un voyage à Santa Fe où nous avons fêté l'an 2000 ensemble et où elle a rencontré pour la première fois sa famille argentine, sa demi-sœur Maria, son oncle, sa grand-mère, etc. Au moment où son père a refait sa vie, où il a eu une autre fille, à Miami, elle lui a rendu visite et un lien fort, une complicité subtile se sont finalement noués entre eux. Très tard. De mon côté, je ne lui avais jamais rien caché sur notre histoire d'amour, sur la prison, sur nos difficultés et sur sa naissance. Comme toujours, j'avais été transparente avec elle. En veillant à lui rappeler régulièrement qu'elle était une enfant de l'amour.

Par peur de reproduire ce que j'avais entendu à la maison, quand ma mère me racontait combien mon père était un odieux personnage, et que lui, malheureux, parfois en larmes, me répétait que ma mère avait gâché sa vie en le quittant, j'ai pris soin de toujours rappeler à Fanny qu'Eduardo et moi avions vécu une très belle relation. Grandir dans la violence n'aide ni à s'épanouir ni à trouver l'harmonie… N'est-ce pas ?

*

Mon père souffrait tellement d'être séparé de ma mère qu'il pouvait proférer des horreurs. Sur ma mère comme sur moi. Il lui répétait sans cesse qu'elle allait mourir dans son Alfa Romeo parce que le vert portait malheur. Il critiquait mon beau-père et balançait plein d'atrocités à son sujet. Un soir après l'école, m'ayant trouvée avec un bouton de chemise décousu, il m'avait jeté au visage avec mépris : « Il ne peut pas te payer une chemise décente avec tout l'argent qu'il a ? » Du côté de ma mère, ce n'était guère mieux. Je n'ai le souvenir que d'une phrase aimable, une seule, sortie de sa bouche pour évoquer son ex-mari. Je devais avoir quatre ou cinq ans ; mes parents, séparés depuis déjà trois ans, continuaient à se voir régulièrement, à Paris, à Deauville ou ailleurs. Mon père avait beau avoir une nouvelle femme dans sa vie, ça n'avait pas l'air de le gêner : il offrait des cadeaux somptueux à ma mère avec la fortune de sa compagne – qui tombait plutôt bien. Ce soir-là donc, alors que mon père sortait torse nu de la salle de bains, ma mère – de qui il était séparé, redisons-le – m'a lancé d'une voix amoureuse : « Tu as vu comme papa est beau ! »

Refusant de perpétuer le lynchage permanent qui m'a fait souffrir toute mon enfance, j'ai fait très attention à ne pas reproduire ce schéma. Fanny devait se sentir en droit d'aimer son père au même titre que sa mère. Aussi ai-je toujours dit du bien d'Eduardo, que je n'ai cessé d'encourager à conserver un lien fort avec sa fille.

Quand Fanny a atteint les dix ans, la relation entre Philippe et moi s'est distendue. Nous n'avions pas les mêmes attentes sur la vie ni les mêmes besoins. Ses yeux brillaient dès qu'il était question des artistes du showbiz et des personnalités du moment, alors que cet univers ne m'a jamais vraiment éblouie – sans doute parce que j'avais connu l'envers du décor, moins poétique et radieux que ce que l'on imagine. Parfois, il a semblé envieux de mes liens avec certaines célébrités, ne supportant pas que ma vie soit plus intense que la sienne, que je fasse quoi que ce soit ou que je fréquente qui que ce soit qui puisse être « mieux » que lui. C'est sûr qu'avec son travail dans l'immobilier, son quotidien n'avait pas grand-chose à voir avec le mien. Alors il me cassait sans cesse, me faisait douter de moi. De fait, nous vivions notre amour dans l'intimité, jamais en public : on sortait rarement ensemble parce qu'il n'appréciait pas les gens que je voyais. Lui-même faisait preuve d'un dédain qui me dérangeait, je préférais éviter qu'il ne mette tout le monde mal à l'aise en osant des commentaires déplacés ou en m'adressant des remarques inappropriées et blessantes parce que ma façon de parler ne lui convenait pas, ou même qu'il me dise parfois sans raison : « T'es ridicule, ma pauvre... » Ce comportement, ce mépris, cette cruauté même m'ont poussée à vouloir le quitter à plusieurs reprises, mais immanquablement je finissais par renoncer : il avait tellement de charme que je ne résistais jamais longtemps.

Notre rupture, à l'image de notre histoire, a été violente, destructrice. Trop différents, incapables de vivre ensemble – d'ailleurs jamais nous ne nous sommes installés à la même adresse –, nous étions contraires. J'avais autant besoin d'une vie à cent à l'heure que lui d'un avenir tranquille dans son canapé à attendre que le temps passe. Un couple à deux vitesses, mal assorti et voué à l'échec.

Je sais aujourd'hui qu'il s'agissait d'une relation difficile. Malgré notre séparation, après vingt ans de « je t'aime moi non plus », il a continué à exercer un ascendant sur moi.

Ma fille, mon sang, porte désormais, à côté de celui d'Eduardo, le nom de cet homme que j'ai aimé passionnément, certes, mais à qui je ne parle plus. Cependant, je sais combien il l'a aidée, soutenue et aimée comme sa propre fille, à quel point il est un pilier important pour son équilibre. Cette relation a permis de créer autour d'elle une famille stable et tendre, et Fanny garde un souvenir émerveillé des nombreux voyages que nous avons faits lorsqu'elle n'était encore qu'une petite fille.

*

Je n'ai pas dû si mal me débrouiller dans l'éducation de ma fille, parce que je peux me réjouir aujourd'hui qu'elle se soit construit son propre cocon et qu'elle ait rompu avec l'impossibilité de « faire famille ». J'ai commis des erreurs, bien sûr. Et si j'ai été dure à l'occasion, je l'ai couvée d'un amour fusionnel. Fanny a parfois pris ses distances, me reprochant mes défaillances aussi, ayant traversé avec moi les épreuves de la vie durant l'adolescence, en pleine construction en tant que jeune fille, ce qui n'a pas été toujours simple pour elle, je le reconnais. Mais nous étions une équipe soudée et solide. Je sais qu'elle s'inquiétait beaucoup pour moi, pour nous, mais qu'elle me faisait pleinement confiance. Aujourd'hui, notre relation est apaisée et riche, faite de cette complicité depuis toujours, d'échanges tendres, d'amour, et de beaucoup de bienveillance l'une envers l'autre. J'aurai au moins réussi ça.

Les paradoxes sont toute ma vie. J'aime les hommes mais je ne peux pas vivre avec eux. J'ai envie de construire une famille mais rentrer dans les cases d'une existence rangée et organisée me semble contre nature. J'ai besoin de shoots d'adrénaline et de montées d'acide pour me sentir bien alors que je n'aspire qu'à être en paix avec moi-même et à mener une vie saine… Une funambule. Toujours.

Mariella, grande dame de la voyance

Pour élever Fanny dignement, payer notre loyer et pouvoir l'emmener en vacances, il me fallait un travail. À tout prix. Pour une mère célibataire, sans diplôme, sans expérience et sans piston, ça n'allait pas être simple. D'autant que je n'avais plus un sou de côté, mes économies s'étant évaporées à la suite d'un montage financier hasardeux dans lequel je m'étais laissée entraîner. Une arnaque qui ne mérite pas d'être rapportée ici, si ce n'est pour évoquer ma rencontre avec l'une des figures du grand banditisme de l'époque, Francis le Belge, au début des années 1990. On m'avait garanti que si quelqu'un pouvait m'aider à remettre la main sur les sommes que l'on m'avait escroquées – beaucoup d'argent –, c'était cet homme et lui seul. Avant le rendez-vous, j'avais été largement briefée par sa garde rapprochée sur l'attitude à adopter : « Tu ne dis pas un mot à Francis. Contente-toi de répondre à ses questions et ne lui coupe surtout pas la parole ! » Pas de quoi me rassurer.

Je me souviens de ce caïd charismatique et costaud, le regard planqué derrière des lunettes Cartier et enveloppé dans un long manteau en cachemire. Il déambulait de long en large, un Perrier à la main, dans un café du 8e arrondissement où, en pleine journée, nous étions étonnamment seuls, parce que les lieux venaient d'être soigneusement vidés de ses clients.

Eh bien, même le « dernier des plus grands parrains de la mafia » – ainsi surnommé par la presse après sa mort – n'a pas pu m'aider à remettre la main sur mon argent. « Trop tard, le citron est pressé, y a plus rien à prendre », m'a-t-il annoncé ce jour-là. Il s'était rencardé sur ceux qui m'avaient entraînée dans ce prétendu « gros coup » et, s'apercevant qu'il ne toucherait pas d'argent au passage, avait laissé tomber mon éventuel sauvetage.

Bref. J'avais vendu la maison de ma mère à Vichy, que je n'ai jamais aimée, l'appartement qu'elle m'avait acheté rue de Lourmel, dilapidé ce qui me restait en Suisse… et je n'avais plus rien. Car dans les stratégies financières menées par des voyous, on ne peut rien faire : ils sont protégés par des gros caïds, et si on tente quoi que ce soit avec la justice, on est retrouvé mort deux semaines plus tard. Je ne pouvais pas courir ce risque. Aussi n'ai-je rien fait, rien dit, et serré les dents. J'ai dû me relever seule. Comme d'habitude.

*

Par chance, au même moment, j'ai fait la connaissance de la célèbre astrologue Mariella Madonna.

Au début des années 1990, Mariella était une véritable star de la voyance : elle conseillait les personnalités de la finance, les hommes d'affaires, les politiciens ; le Tout-Paris venait trouver auprès d'elle des solutions financières ou amoureuses, du réconfort et des réponses. La célèbre astrologue m'a fait confiance dès notre première rencontre, et a senti, surtout, que ma grande sensibilité, mon empathie pourraient faire de moi une excellente commerciale à ses côtés. Alors elle m'a proposé de travailler pour elle et je me suis donnée à fond dans cette nouvelle occupation.

Mon boulot était de vendre par téléphone des thèmes astrologiques en composant à longueur de journée les numéros du fichier colossal dont elle disposait. Je tombais sur des gens qui ne parlaient à personne de la journée et ne me lâchaient plus tant ils étaient contents d'entendre une voix agréable au bout du fil. Certains s'avouaient même au bord du suicide et se raccrochaient à moi comme à leur dernière balise... C'était terrible. Mais ça fonctionnait plutôt bien.

Cette activité m'a permis de me décentrer, d'arrêter de me regarder le nombril ! J'avais passé des années à ne m'occuper quasiment que de moi, là, je me consacrais enfin aux autres. Je les écoutais et prenais mon rôle très à cœur. Mariella, de son côté, aimait dire à tout le monde et en particulier à ses clientes qu'une Clodette travaillait avec elle, alors évidemment, j'ai eu un petit succès, et les clientes, qui s'étaient passé le mot, affluaient. Elle-même était gentille avec moi. Comme peu de gens l'ont été. Elle déposait souvent de beaux cadeaux sur mon bureau, du parfum, des robes... Et ce, sous les yeux des autres commerciales, ce qui suscitait pas mal de jalousie et de papotages dans mon dos. J'avais par ailleurs le plus grand bureau et Mariella ne me disait rien quand j'arrivais en retard... Ma position de chouchoute ne plaisait pas à tout le monde, mais j'étais efficace et ne regardais jamais l'heure quand il était temps de partir. Souvent je restais seule avec elle jusqu'à 23 heures ou minuit au bureau.

Je me débrouillais toujours pour vendre un premier thème à mon interlocuteur, puis à son conjoint, parfois même à sa maîtresse ou à son amant. Les jours fastes, j'osais proposer un autre thème à celui avec lequel il ou elle se savait trompé(e) ! Chacun sa chance d'en apprendre plus sur son avenir, non ? J'étais douée pour que les gens se confient à moi – même si parfois on me raccrochait au nez brutalement.

J'ai un peu honte d'avoir profité des croyances de certains – car s'il y a des personnes qui sont convaincues des vertus de la voyance et de l'astrologie, moi, je ne l'étais pas –, mais jamais je n'ai abusé des gens fragiles ou âgés que je devinais influençables. Comme mes clients voulaient connaître leur avenir et qu'ils avaient besoin d'aide, je ne me sentais pas coupable, mais satisfaite de pouvoir rendre service.

Le téléphone sonnait sans interruption du matin au soir, tant le cabinet tournait. On recevait un nombre d'appels incalculable. Pour tenir le rythme et ne pas sombrer face à cette détresse qui se déversait dans mon oreille près de neuf heures par jour, je n'ai rien trouvé de mieux que de me mettre à boire un peu de vin. Pour oublier, pour m'apaiser, pour me sentir plus légère. Deux ou trois verres chaque soir me permettaient de tenir le rythme. Insidieusement, sans que j'en aie réellement conscience, j'ai fini par être plus souvent sous l'effet de l'alcool que sobre. Ma dépendance a duré trois ans. Depuis, je n'ai jamais replongé.

*

En m'offrant ce poste, Mariella m'a permis non seulement de gagner confortablement ma vie, mais surtout de bénéficier du cadre dont j'avais besoin. Grâce à elle, j'allais au bureau tous les jours, j'avais des obligations professionnelles – et humaines. Attentive, gentille avec moi, maligne, intelligente, très belle, à certains égards cette Sicilienne au caractère trempé me faisait penser à ma mère. Jamais je ne le lui ai avoué, mais j'étais attachée à elle pour cette raison aussi. Même si nous avions quasiment le même âge, elle représentait pour moi une sorte de figure maternelle et rassurante.

De Paris, d'abord, où je travaillais auprès d'elle dans ses bureaux de l'avenue Montaigne, Mariella m'a ensuite proposé de la suivre à Cannes, où elle avait décidé de s'installer. N'ayant aucune attache à Paris, Fanny étant encore une gamine, et la vie s'annonçant plus douce dans le Sud, j'ai accepté de tenter l'aventure.

Pendant cinq ans, j'ai habité au sein d'une résidence avec piscine, un grand appartement en rez-de-jardin où le soleil me donnait le goût de la vie. Je bossais comme une dingue, jusqu'à minuit tous les soirs, je faisais un super chiffre et gagnais un bon salaire.

Depuis nos bureaux installés sur la Croisette, profiter du ciel bleu toute l'année ou presque me réjouissait. À midi, Mariella m'emmenait de temps en temps déjeuner dans les plus beaux restaurants de Cannes. Je l'accompagnais parfois aussi au casino où elle aimait jouer en plein après-midi. Le week-end, nous allions avec Fanny à la plage ou nous déambulions dans les ruelles de la vieille ville. Aujourd'hui encore, nous avons gardé une belle relation, Mariella et moi, on se téléphone, on s'envoie des cadeaux.

*

L'année du bac de Fanny, la parenthèse s'est brutalement refermée. Ma fille s'étant mise à côtoyer des jeunes peu recommandables, j'ai eu peur qu'elle ne tombe dans les mêmes travers que moi. Je sentais qu'il me fallait la mettre à l'abri. Alors nous sommes remontées à Paris. Fanny n'a pas beaucoup apprécié de quitter les richesses et la douceur de vivre de la Méditerranée pour un appartement à Asnières-sur-Seine et un quotidien plus sombre, moins fastueux. En pleine adolescence, ce changement lui a été pénible.

Vivre avec ses démons

Fanny m'a longtemps reproché notre exil dans cette petite banlieue familiale trop paisible, loin de ses copains, de la mer et du soleil. En pleine révolte contre moi, comme toutes les ados de son âge élevées seules par leur mère, elle refusait le changement que je lui avais imposé. Une rébellion renforcée par le fait de se retrouver en face à face avec une mère hypersensible en proie à des démons alcoolisés et contrainte de vendre les sacs Hermès de sa propre mère pour joindre les deux bouts…

Pour moi aussi le retour à la capitale a été douloureux. Ayant choisi de mettre fin à ma collaboration avec Mariella, je me suis retrouvée sans travail. J'avais bien essayé de continuer bosser pour elle, comme elle le souhaitait, mais rapidement j'avais laissé tomber : dans les sinistres bureaux parisiens, aux antipodes de ceux de la

Croisette, j'avais peur de craquer à force d'écouter les histoires horribles des autres. J'avais dit stop. Et je me suis laissée entraîner dans une grave dépression. Qui m'a conduite à l'hôpital.

*

Si ma fille se dit aujourd'hui fière de moi, et me félicite tendrement d'avoir toujours su retomber sur mes pattes, elle a fait le choix, à cette époque de partir vivre chez Philippe. Au moment de mon hospitalisation, elle avait dix-huit ans et ne pouvait mesurer ce que je traversais. Me voir dans un tel état de détresse ne devait pas être facile pour une adolescente. La pudeur et la retenue l'ont empêchée de prononcer les mots qui auraient pu me soutenir. Sans doute n'en avait-elle ni l'envie ni la force, elle qui devait se concentrer sur son bac et sa propre vie, et qui en avait peut-être assez de supporter une mère décidément pas comme les autres.

De mon côté, j'étais arrivée au bout du bout. Plus de forces, plus de volonté de vivre. Je touchais bel et bien le fond. J'ai passé plusieurs semaines en maison de repos, le temps de retrouver un peu d'énergie. À l'aide de médicaments, de conseils et de prise en charge psychologique, j'ai mis en place le système D pour essayer de m'en sortir seule. Entre mes indemnités, les brocantes que je faisais chaque dimanche et l'accueil d'étudiants en colocation chez moi, je me suis relevée.

Tous les week-ends, les années qui ont suivi, avec l'aide d'un ami brocanteur qui me prêtait un petit bout de son stand, j'ai vendu tout et n'importe quoi aux badauds franciliens. Je chargeais ma BMW à 3 heures du matin avec mille et un objets que j'avais entassés chez moi ou que j'avais récupérés aux encombrants, et dans la journée, je réussissais à me faire un peu de liquide. Le tout dans l'ambiance conviviale d'entraide typique des brocantes et vide-greniers.

Ensuite, j'ai gardé des enfants. Par chance, je suis tombée sur des familles sympas, mais souvent j'ai dû prendre sur moi et ravaler mon orgueil. Ces gens savaient parfois qui j'avais été et je ne le vivais pas toujours bien. Qu'importe, les enfants m'apportaient de la vie, de la joie. J'ai fait ce petit boulot jusqu'à mes soixante-huit ans.

Peu à peu, mine de rien, j'ai réussi à mettre un peu d'argent de côté. J'aurais tellement aimé pouvoir offrir une maison à ma fille, un petit pied-à-terre au bord de la mer, en Normandie, où on se serait retrouvées toutes les deux dans un endroit calme pour apprendre à nous connaître et partager du bon temps. Sans doute notre relation aurait-elle été différente. Ma décision récente de déménager à Trouville-sur-Mer, dans un joli trois-pièces proche de la mer, me réconforte : je serai heureuse d'y accueillir Fanny et mon petit-fils. Je l'emmènerai à la plage et, qui sait, peut-être voudra-t-il faire de la voltige à Deauville ?

Aujourd'hui, je ne veux plus de stress ni d'angoisse. J'aspire à vivre au calme. J'ai toujours eu du mal avec la vraie vie et je n'ai jamais su négocier la redescente, mais je regarde avec tendresse les années chaotiques du passé parce que ma force vitale a toujours été plus grande que mon pouvoir de destruction. L'existence réserve du bon et du moins bon, à chacun de conserver le meilleur.

*

Assise dans mon fauteuil, j'observe tous les jours le même décor que je m'apprête à quitter. De l'autre côté de la fenêtre de mon appartement d'Asnières, quelques arbres montrent d'infimes changements quotidiens qui mènent d'une saison à l'autre. Ces arbres, je les ai vus naître, grandir, fleurir, et jaunir avant l'hiver puis repartir au printemps. Ces moments d'observation qui se renouvellent depuis dix-sept ans me rappellent que j'ai parcouru des paysages merveilleux de beauté et de culture partout dans le monde, que j'ai voulu fuir l'ennui, la routine du quotidien, mais qu'ils m'ont rattrapée malgré moi.

La vie ne m'a pas épargnée et je ne me suis jamais autorisée à être pleinement heureuse. Pour autant je n'ai jamais rien lâché et j'ai encore envie de croire à la beauté du monde.

*

En arrivant à la fin de ce livre, je me dis qu'au fond, c'est l'amour qui m'a toujours guidée. Je l'ai refusé autant que je l'ai souhaité, je l'ai attiré autant que j'ai voulu m'en défendre. J'ai cherché un amour infini que je n'ai jamais trouvé. Est-ce celui de ma mère ? Celui de mon père ?

À quinze ans, je tombais amoureuse tous les quatre matins, et ça n'a jamais cessé depuis. J'ai eu mille hommes dans ma vie, mais pas comme une croqueuse de mâles ; l'amour physique ne m'a jamais attirée, ce n'est pas ce que je recherche. Alors un grand nombre d'aventures sont restées platoniques, des histoires où la tendresse et la complicité primaient. Je n'aime rien tant qu'une nuit partagée à parler avec un homme qui m'écoute et me protège dans le creux de ses bras.

Dans le milieu de fête et d'excès que j'ai longtemps fréquenté, où beaucoup de filles couchaient à tout-va, j'ai connu quelques histoires sans lendemain, mais j'avais compris que si je voulais conserver ma dignité, mieux valait me montrer distante. D'autant que j'étais une personnalité publique lorsque je faisais partie de la troupe de Claude, et que le qu'en-dira-t-on a vite fait de forger une sale réputation. En vérité, je prenais même un malin plaisir à me rendre particulièrement intouchable : la magie opère tant que la relation reste sur le mode de la séduction et de l'ambiguïté. À la seconde où elle est consommée, ce n'est plus la même histoire…

Finalement, je n'ai jamais trouvé auprès d'un homme ce que je cherchais. Et je sais aujourd'hui qu'il est trop tard pour croire au prince charmant. J'ai depuis longtemps perdu toutes mes illusions sur le couple : je suis trop indépendante, trop libre, trop violente. Les hommes ne reçoivent de ma part que des signaux contradictoires : j'attends qu'on prenne soin de moi mais je ne laisse personne entrer dans ma vie. Par manque de confiance, par peur d'être déçue. Peur d'être abandonnée. Quand je tombe amoureuse, je pense toujours : « Ça y est, je suis piégée. » Avoir connu le piège ultime en me faisant embarquer en prison m'a rendue vigilante à l'extrême et depuis, la crainte m'anime. Dès qu'il est question de sentiment ou d'attachement, je deviens désagréable, et à force, je fais fuir tout le monde. Vivre en couple reste à jamais marqué, dans mon esprit, par la violence que j'ai connue enfant et par les modèles d'hommes auprès desquels j'ai grandi. Pire, à chaque fois que je me suis approchée trop près du bonheur, je me suis vue prisonnière et j'ai mis à distance toute possibilité de le savourer à deux. Pour garder le contrôle, et par peur de trop souffrir. Je ne sais pas vivre le moment présent, j'anticipe systématiquement le pire...

Il faut dire aussi que j'ai passé ma vie à être attirée par des voyous en col blanc, des gars brillants et auprès de qui j'ai appris plein de choses, des types toujours aux petits soins – ils se levaient pour tirer ma chaise quand j'arrivais à table, veillaient à remplir mon verre, allaient m'acheter des cigarettes et, bien sûr, payaient l'addition. Mais ces hommes en costard-cravate, grands seigneurs reçus à la table des célébrités, des milliardaires et des potiches – elles faisaient partie du décor, à l'époque – sont souvent forts pour tout détruire.

Oh, j'en ai pris, des avions au milieu de la nuit pour quitter des hommes qui se disaient fous d'amour pour moi ! Mais quand la passion domine les relations sentimentales, celles-ci se terminent mal, en général. Dans mon cas, ça s'est vérifié à chaque fois. Reste que je n'ai jamais rien fait dans la demi-mesure, qu'une vie tiède et peinarde ne m'a jamais intéressée. La mienne a été brûlante, jusqu'à frôler le danger, mais si c'était à refaire, je replongerais direct car j'ai besoin d'adrénaline, de sensations fortes. J'ai besoin de vibrer.

*

J'ai passé une longue période de ma vie à rêver d'une existence meilleure, à danser jusqu'au bout de la nuit et à tester mes limites. J'aurais pu crever mille fois, mais j'ai tenu bon.

La vie réelle, dans un cadre, avec des règles et des obligations, une vie nette et sobre me paraît sinistre. La mienne, avec ses dérives et ses folies, a toujours été chaotique et borderline. Pourtant, alors même que j'aurais bien souvent hésité à me faire disparaître si je n'avais pas eu de palliatifs pour m'offrir un peu de réconfort, je ne referais sans doute rien différemment si tout était à recommencer.

*

Je referme ces pages en me disant que je peux me féliciter d'avoir vécu non pas une mais mille vies. Qui ont mis en lumière les multiples facettes de la femme protéiforme que je suis : une petite fille en manque de tendresse et folle d'amour pour sa maman, une artiste en quête d'adrénaline et de sensations fortes, une jeune femme empathique et solaire qui aime profondément l'existence, une guerrière qui sort les griffes quand les hommes lui font du mal, une autre qui se fait mère louve pour sa fille… et tant d'autres encore.

Vivre avec ses démons

Il paraît qu'on a deux vies et que la seconde commence quand on se rend compte qu'on n'en a qu'une. Alors il est temps que je m'y installe, dans mon chez-moi en bord de mer, pour partager cet univers rêvé depuis longtemps avec ma fille et mon petit-fils et y savourer pleinement ma mille et unième vie.

Remerciements

Merci à Fanny, ma fille, d'avoir tant tenu à ce que j'aille au bout de ce projet.

Merci à mon petit-fils Abel.

Merci à Charlotte, Alexis et Adrien, Marie, sans qui ce livre n'aurait pu exister.

Merci à Olivia, qui a su percer mon âme.

Merci à Thierry, pour sa confiance.

Table

Prologue 9

Rolca 13
Jean-Claude 17
Mon Ti-Mère 25
Jean 31
La pension 43
Mon père 51
Au début du disco 57
Le temps de l'émancipation 63
France Gall, mon amie, ma sœur 69
Cloclo 79
Saint-Tropez 103
La légende Cloclo 113
Fuir le bonheur 127
Goa et ses paradis artificiels 141

J'y pense et enfin j'oublie

Le temps du rapprochement.............. 151
Adieu maman.................... 157
Eduardo......................... 167
Fleury-Mérogis, quartier des femmes...... 177
L'Argentine..................... 183
Tempête à Ibiza.................. 189
Fanny........................... 197
Mariella, grande dame de la voyance....... 209
Vivre avec ses démons.................. 217

Remerciements.................. 227

Imprimé en France par
CPI Firmin-Didot
en septembre 2024

Composition réalisée
par Rosa Beaumont

#lisez! engagé
www.lisez.com
Pour plus d'information :
Imprimé sur du papier issu de forêts gérées durablement.

N° d'édition : 67577/01 – N° d'impression : 180658